Hochsensibel

Was tun, wenn Du ahnst, dass Du hochsensibel bist?

Wie Du mit Deiner Hochsensibilität umgehst und sie zu Deinem Vorteil nutzt

Lena Steinkamp

1. Auflage

Lektorat: Amelie Hagedorn

WIDMUNG

„Jede Gabe ist auch eine Aufgabe."
- Käthe Kollwitz -

Dieses Zitat beleuchtet zwei Seiten
einer Medaille:

Die Aufgabe, sich einer Herausforderung zu
stellen,
und
die wörtlich gemeinte Aufgabe: die
Absicht, etwas aufzugeben.

Inhaltsverzeichnis

Danksagung

Ich danke meiner hochsensiblen Schwester für ihre Offenheit und ihr Vertrauen. Die Welt durch deine Augen gesehen zu haben, war und ist ein Abenteuer und eine Ehre!

Einleitung

Kennst Du das? Du gehst im Wald spazieren und bist begeistert von all den vielen Eindrücken um Dich herum? Formen von Blättern, Farben von Blumen, unzählige kleine und größere Tiere, die über den Waldboden krabbeln und kriechen, der berauschende Duft der Natur … Doch Deine Freunde, die mit Dir unterwegs sind, scheinen all dies nur nebenbei oder überhaupt nicht wahrzunehmen. Manchmal machst Du sie auf Einzelheiten aufmerksam oder bleibst einfach kurz stehen, um das Plätschern des kleinen Bachs zu genießen. Ihnen entgeht der schillernde Panzer eines Käfers und der Duft, der von den Wilderdbeeren herüber weht. Aber das ist Dir nicht neu. Nicht zum ersten Mal fragst Du Dich, wieso Du die Welt intensiver wahrzunehmen scheinst als Deine Mitmenschen.

Ein anderes Beispiel: Es ist Samstagabend und Du bist zu einer Party eingeladen. Alle freuen sich darauf, überlegen, was sie anziehen, und sind begeistert, dass sich die Gruppe vorab zum „Vorglühen" trifft. In Dir selbst hingegen breitet sich bei diesem Gedanken ein Gefühl des Unbehagens aus. Du weißt bereits aus Erfahrung, dass Dir der Lärm der Musik, die vielen Menschen, Alkohol und Zigarettenrauch schnell zu viel werden. Häufig verabschiedest Du Dich als erste/r und bist froh, wenn Du zuhause die Wohnungstür hinter Dir schließt. Dort ist Dein Rückzugsort, an dem Du Dich entspannen kannst und wo die Ruhe herrscht, die Du brauchst, um Deine Energiereserven wieder aufzuladen.

Dies sind nur einige Beispiele für Situationen, in denen das Empfindungsvermögen von hochsensiblen Personen eine große Rolle spielt. Wenn Du Dich darin wiedererkannt hast, gehörst möglicherweise auch Du zu den schätzungsweise

15-20 Prozent der Hochsensiblen. Und so wie viele andere wusstest Du bisher nichts davon.

Unser Alltag ist geprägt von Herausforderungen, Rückschlägen und dem Erreichen von Zielen. Viele Menschen empfinden diesen gesellschaftlichen Druck als enorme Herausforderung, egal wie sensibel sie sind. Von Reinigungskräften bis zur Führungselite – alle unterliegen dem Leistungsdruck und müssen Geld verdienen, um ihren Lebensunterhalt zu finanzieren und ihre Familien zu ernähren. Einige stecken dies gut weg und haben Spaß an ihrer Arbeit. Die überfüllten Praxen von Therapeuten und steigende Burn-out-Zahlen sprechen allerdings eine andere Sprache.

Mehr und mehr hochsensible Menschen suchen Coaching-Seminare auf, um sich besser verstehen zu lernen und sich so anzunehmen, wie sie sind. Die Themen Achtsamkeit und Selbstliebe nehmen eine starke Rolle ein, wenn es darum geht, das vermeintliche Anderssein zu analysieren und zu reflektieren.

Hochsensible Menschen haben häufig das Gefühl, eine Außenseiterposition einzunehmen und irgendwie „nicht dazuzugehören". Möglicherweise stoßen die persönlichen Grenzen, die sie sich mühevoll gesetzt haben, bei ihren Mitmenschen sogar auf Unverständnis oder rufen verletzende Äußerungen hervor.

Doch das muss nicht so sein! Hochsensibilität ist keine Krankheit, mit der ein Patient in seinem Alltag leben muss. Es ist auch keine Bürde oder ein Fluch, auch wenn einige Betroffene diese Veranlagung zunächst als Belastung wahrnehmen. Nein, es ist hingegen eine Gabe und eine Chance, die Welt mit Augen zu sehen, die für andere Personen verschlossen bleiben. Eine Chance, eigene Talente zu erkennen und auszuleben. Eine Chance, sich selbst besser kennenzulernen und für sich einzustehen. Und eine Chance, eine vermeintliche Schwäche in die größte Stärke zu verwandeln und so das Leben nach eigenem Gusto zu gestalten.

Der folgende Ratgeber soll Dir dabei helfen, die eigenen Sinneswahrnehmungen deines Körpers richtig zu deuten und

Hochsensibilität bei Dir oder Deinen Mitmenschen zu erkennen und zu verstehen. Es spielt keine Rolle, ob Du zum ersten Mal von dem Thema hörst oder bereits Vorwissen mitbringst. Die Informationen sind für alle Wissensstufen verständlich erläutert. Es geht dabei darum, dieses Persönlichkeitsmerkmal nicht als Belastung, sondern als Vorteil des eigenen Individuums wahrzunehmen. Hilfreiche Tipps und Tricks geben Dir Anreize, wie Du im Alltag mit den „Anforderungen" deines Körpers, die Du bisher als störend empfunden hast oder sie nicht richtig einordnen konntest, umgehen kannst. Ziel ist es, dass Du Situationen, die Dich in der Vergangenheit abgeschreckt haben, wie die zuvor beschriebene Party, mit Freude genießen kannst oder weißt, wie Du auf unangenehme Situationen reagierst. Versuche Dich bei der Umsetzung neuer Verhaltensweisen an der 72-Stunden-Regel zu orientieren. Diese besagt, dass Du etwas Neugelerntes innerhalb dieser Zeit direkt anstoßen oder umsetzen solltest. Wartest Du länger als 72 Stunden, steigt die Wahrscheinlichkeit, dass Du es niemals tun wirst und der gewünschte Effekt bleibt aus. Das wäre sehr schade.

Dabei bist Du selbst gefragt, denn nur mit dem wachsenden Bewusstsein und der nötigen Achtsamkeit kann es Dir gelingen, die bisherigen Herausforderungen in Zukunft zu meistern, ohne dass daraus ein Gefühl der Erschöpfung resultiert. Indem Du mit diesem Ratgeber und seinen Tipps Eigenverantwortung übernimmst, stärkst Du Deine Persönlichkeit und lernst Deinen Körper auf einer neuen Ebene kennen.

Der Ratgeber kombiniert dabei Informationen mit praktischen Hinweisen. Aus diesem Grund ist er bewusst kurzgehalten, damit Du Dich zeitnah der Umsetzung der Tipps widmen kannst. Für vertiefendes Wissen und weiterführende Informationen findest Du ein ausführliches Quellenverzeichnis sowie weiterführende Literaturhinweise am Ende des Buches.

Im ersten Kapitel erfährst Du, was Hochsensibilität ist und wie sie sich im Alltag äußert. Anschließend hilft Dir ein Selbsttest dabei, eine erste Einschätzung vorzunehmen. Er soll Dich auf verschiedene emotionale und körperliche Aspekte aufmerksam machen. Das darauffolgende Kapitel beschäftigt sich mit der Selbstwahrnehmung, den eigenen Gefühlen und dem Verhalten von hochsensiblen Menschen im Gegensatz zu nicht Hochsensiblen. Ob und welche Krankheiten oder Begleiterscheinungen gemeinsam mit Hochsensibilität auftreten, beschreibt das anschließende Kapitel. Dich interessiert, wie sich Hochsensibilität bei Kindern bemerkbar macht und wie damit umzugehen ist? Darüber gibt das Kapitel „Hochsensible Kinder und Jugendliche“ Aufschluss. Abschließend folgt ein praktischer Teil des Ratgebers. Hier erfährst Du, wie Du Achtsamkeit in Deinen Alltag integrieren und somit Deine Gesundheit unterstützen und fördern kannst. Tipps und Hinweise rund um die Sinne, den Alltag und die Partnerschaft findest Du dort. Auch der problemlösungsorientierte und konstruktive Umgang mit Familie, PartnerInnen und ArbeitskollegInnen wird thematisiert. Das Ende des Ratgebers ruft Dir in Erinnerung, warum Hochsensibilität kein Fluch, sondern ein Segen ist, der Deinen

Alltag und Deine Persönlichkeit bereichert.

Sämtliche Quellen, die diesem Ratgeber zugrunde liegen, sowie weiterführende Literatur und nützliche Links sind am Ende in den Literatur- und Quellenverzeichnissen zusammengefasst. Als wichtigste Quellen dienten das Buch *„Sind Sie hochsensibel? Wie Sie Ihre Empfindsamkeit erkennen, verstehen und nutzen"* von Elaine N. Aron sowie *Der Informations- und Forschungsverbund Hochsensibilität e. V.* Er klärt über das Thema Hochsensibilität auf und stellt die Informationen auch für Personen ohne Internetzugang zur Verfügung.

Wichtig:

Die Angaben in diesem Ratgeber basieren sowohl auf sorgfältig recherchierten, öffentlich zugänglichen Informationen als auch auf persönlichen Erfahrungen mit hochsensiblen Menschen. Die Autorin übernimmt keine Verantwortung für etwaige Schäden oder Folgen, die durch die Anwendung der hier vorgestellten Tipps und Ratschläge entstehen. Ebenso ersetzen der Ratgeber und seine Inhalte keine medizinische oder therapeutische Beratung, Empfehlung oder Behandlung.

Der Ratgeber dient der Bildung und Veranschaulichung zum Thema Hochsensibilität und erhebt keinen Anspruch auf Vollständigkeit und wissenschaftliche Korrektheit. Eine Haftung für die Richtigkeit der dargestellten Informationen wird nicht übernommen. Wenn Du den Ratschlägen folgst, handelst Du stets eigenverantwortlich.

Wenn Dir der Ratgeber gefällt, lass es mich gern wissen und schreibe mir eine positive Rezension auf Amazon. Dadurch erhöhst Du die Sichtbarkeit des Buches und kannst anderen Betroffenen dabei helfen, ebenfalls ihren Weg mit der Hochsensibilität zu finden. Sollte Dir auffallen, dass wichtige Informationen fehlen, kannst du das auch gerne in die Rezension einfließen lassen.

Alles Liebe und viel Stärke beim Entdecken Deiner Hochsensibilität!

Lena

Was ist Hochsensibilität?

Dass es Menschen gibt, die sensibler sind als andere, ist eine allgemein bekannte Tatsache. Wir alle kennen in unserem näheren Umfeld Personen, die mehr oder weniger (un-)empfindlich auf Kälte/Hitze, Lärm, Helligkeit/Dunkelheit, Geschmäcker oder haptische Reize reagieren. Einige sind bei romantischen Filmen schnell zu Tränen gerührt oder können das Leid auf der Welt nicht ertragen, andere bleiben davon relativ unberührt. Kein/e Arzt/Ärztin wird überrascht sein, wenn man ihm/ihr erzählt, dass man empfindlicher auf gewisse Reize reagiert als andere, denn auch ÄrztInnen wissen, dass die Empfindsamkeit von Mensch zu Mensch unterschiedlich ist. Inwieweit wir äußere Reize wahrnehmen, hängt davon ab, wie stark unser Gehirn Informationen aus der Umwelt filtert. Dieser Filterprozess findet beispielsweise statt, wenn wir ein permanentes Geräusch um uns herum mit der Zeit nicht mehr wahrnehmen, auch wenn es objektiv noch immer mess- und hörbar ist. Auf diese Weise schützt uns das Gehirn vor Reizüberflutungen und stellt uns nur diejenigen Informationen zur Verfügung, die im jeweiligen Moment bedeutsam sind.

Doch worin unterscheiden sich hochsensible Personen in ihrer Empfindungsfähigkeit von einem nicht hochsensiblen Menschen?

Hochsensibilität ist ein Phänomen, das seit Mitte der 90er Jahre bekannt ist. Als Vorreiterin gilt Elaine N. Aron, die mit ihrem Werk *„The Highly Sensitive Person – How to survive and thrive when the world overwhelms you“* erstmals Hochsensibilität wissenschaftlich untersuchte und den Begriff der Hochsensiblen Personen (engl. HSP = Highly Sensitive Person) prägte. Dieses Werk ist ebenso wie viele weitere Bücher der Autorin in deutscher

Sprache erhältlich (Titel: *„Sind Sie hochsensibel? Wie Sie Ihre Empfindsamkeit erkennen, verstehen und nutzen“).* Dieses Werk sowie meine eigenen Erfahrungen aus Gesprächen und dem Zusammenleben mit HSP waren eine wichtige Quelle und der Anstoß für den vorliegenden Ratgeber. Ich bemerkte, dass viele HSP ihren Körper und seine Reaktionen auf Reize als Belastung wahrnehmen, aber auch dass sie mit zunehmendem Alter einen Reflexionsprozess durchlaufen, der zu einem erhöhten Maß an Selbsterkenntnis führt und den Alltag mit Hochsensibilität bereichert.

HSP reagieren empfindlicher auf Reize, da der neurologische Filter weniger stark ausgeprägt ist. Somit gelangen vermehrt Reize zum Gehirn vor, die dort verarbeitet werden. Dieses Phänomen äußert sich allerdings nicht bei allen HSP auf die gleiche Weise. Die betroffenen Personen reagieren sehr unterschiedlich auf verschiedene Reize und auch die Intensität der Wahrnehmung schwankt von Individuum zu Individuum.

Während Hochsensibilität viele Vorteile mit sich bringt, fallen betroffenen Personen zunächst negative Reaktionen ihres Körpers auf, anhand derer sie merken, dass sie anders zu sein scheinen als ihre Mitmenschen. Diese zu erkennen ist ein erster wichtiger Schritt bei der Auseinandersetzung mit Hochsensibilität. Vielleicht findest auch Du Dich bei den folgenden Körperreaktionen wieder:

Lärmempfindlichkeit: Langanhaltende und laute Geräusche, sei es Musik, Baulärm oder Straßengeräusche, werden von hochsensible Personen nach kurzer Zeit als äußerst störend empfunden. Ebenso nehmen sie leise Geräusche sofort wahr, statt sie zu „überhören". Je mehr Geräusche gleichzeitig ertönen, desto schwerer ist die Situation für eine geräuschempfindliche hochsensible Person zu ertragen.

Schmerzempfindlichkeit: Eine Spritze beim Arzt, eine Zahnbehandlung, ein Schnitt mit dem Messer oder ein gestoßener Zeh sind für niemanden ein Grund zum Jubeln. Hochsensible Personen nehmen körperliche Schmerzen jedoch häufig intensiver wahr.

Allergien und Unverträglichkeiten: Viele HSP klagen über (Lebensmittel-)Allergien oder darüber, dass ihr Körper sehr empfindlich auf Substanzen wie Alkohol, Nikotin, Koffein, Medikamente oder auch auf bestimmte Hygieneprodukte reagiert. Vor allem wenn es um die Behandlung von Krankheiten geht, ist es ratsam, den Arzt bzw. die Ärztin auf die Empfindsamkeit hinzuweisen, damit die Dosis entsprechend angepasst werden kann. Koffein oder Alkohol, die viele Menschen konsumieren, um sich zu entspannen, einen Energieschub zu bekommen, Spaß zu haben oder einen lustvollen Rauschzustand zu erleben, können bei HSP einen gegenteiligen Effekt haben. Statt des angenehm anregenden Energieschubs durch den morgendlichen Kaffee sind Herzrasen und innere Unruhe die Folge.

Innere Anstrengung: HSP erleben den Alltag häufig als überdurchschnittlich anstrengend. Sie fühlen, dass sie eine Pause benötigen, um neue Kraft zu tanken, während ihre Mitmenschen problemlos weiterarbeiten. Auf lange Sicht wirkt sich die permanente Anstrengung auf das individuelle Wohlbefinden aus. Die betroffenen Personen fragen sich, wieso sie nicht so leistungsstark sind wie andere. Auch Situationen, die andern Spaß machen, werden von HSP oftmals als anstrengend empfunden, beispielsweise das Beisammensein mit Freunden in größeren Gruppen, Partys oder Konzertbesuche. Letztere stehen in engem Zusammenhang mit der bereits erwähnten Lärmempfindlichkeit.

Bei diesen Begebenheiten ist es wenig überraschend, dass HSP schnell müde und erschöpft sind. Kopfschmerzen oder Migräne können ebenfalls eine Folge sein. Körper und Geist sind eng miteinander verknüpft. Daher sind auch die Launen und das Wohlbefinden von den körperlichen Voraussetzungen beeinflusst. Jeder Mensch kann neue Informationen nur eine gewisse Zeit lang aufnehmen. Dann benötigt er eine Pause. Es ist also nur logisch, dass HSP, die permanent mehr Informationen aufnehmen, schneller an diesem Punkt angelangt sind. Wenn sie sich dann aus den Situationen, die viele Reize vermitteln, zurückziehen (sich beispielsweise früher von einer Party verabschieden), interpretieren ihre Mitmenschen dies schnell als Ungeselligkeit. Sie können nicht nachempfinden, wieso die laufende Musik oder die anderen Menschen ein Störfaktor sind. Die Folge ist, dass HSP sich in derartigen Situationen niemals rundum wohlfühlen. Es ist keine Ungeselligkeit oder Unhöflichkeit, die sie zum Gehen antreibt, sondern eine Flucht, um sich selbst zu schützen (vgl. *hochsensibel? Informationsbroschüre des Informations- und Forschungsverbandes Hochsensibilität e. V.*, S. 5).

Doch die Medaille hat immer zwei Seiten! Sicherlich, die erwähnten Symptome sind nervenzehrend, vor allem wenn die Betroffenen noch nicht wissen, dass sie die Veranlagung der Hochsensibilität haben. Allerdings ist eine Auflistung der Merkmale wichtig, um sie zu erkennen, zu deuten und damit umzugehen. Wenn Du den Eindruck hast, dass Du hochsensibel sein könntest, musst Du Dich nicht davor fürchten, bis zum Ende deines Lebens mit

Müdigkeit, Erschöpfung und Anstrengung geschlagen zu sein. Im Gegenteil: Durch den reflektierten Umgang mit der Veranlagung wandelt sich der Blickwinkel und die Sensibilität wird plötzlich als etwas Positives wahrgenommen.

Betrachten wir daher nun die andere Seite der Medaille, denn Hochsensibilität ist ein wahrer Pool von Vorteilen und Begabungen.

Detailreiche Wahrnehmung: Durch die ständige Interpretation von äußeren Eindrücken verfügen HSP über die Fähigkeit, die Welt um sie herum vielschichtig zu analysieren und zu deuten. Oberflächliche Denkmuster sucht man bei ihnen vergebens. Stattdessen beeindrucken sie durch komplexe Analysen und Interpretationen unserer ebenso komplexen Welt.

Auch im Kleinen bereitet diese Perspektive der Wahrnehmung Freude, denn HSP entdecken in ihrem Umfeld Details, die anderen verborgen bleiben. Dies gilt sowohl für sichtbare Dinge, zum Beispiel den kleinen Schmetterling, der auf einer

Blume sitzt, als auch für Zwischenmenschliches, wie unterdrückte Spannungen oder das Gefühl von Verliebtheit, das zwischen zwei Personen besteht. HSP sprechen häufig davon, die „Energien“ von anderen Menschen zu spüren. Aus diesem Grund wirken große Menschengruppen schnell überfordernd, da viele Energien auf einmal auf die hochsensible Person einwirken. Im kleineren Rahmen erweist sich diese Fähigkeit aber als äußerst wertvoll.

Empathie: HSP sind überdurchschnittlich empathisch. Sie sind in der Lage, sich schnell und zuverlässig in ihre Mitmenschen hineinzudenken und ihre Gefühlslage nachzuempfinden. Auf diese Weise verstehen sie die Probleme anderer ohne Schwierigkeiten und können sie durchdenken, Ratschläge geben oder ihre Mitmenschen beim Perspektivwechsel unterstützen. Sobald jemand den Raum betritt, spüren sie die Energie desjenigen und nehmen seine Stimmung wahr noch bevor ein Gespräch entsteht. Viele HSP wissen daher intuitiv, ob ihr Gegenüber müde, gestresst, wütend, fröhlich oder nachdenklich ist.

Doch die ausgeprägte Empathie gilt nicht nur für Menschen. Auch für Tiere haben HSP oftmals ein ausgeprägtes Gespür, weshalb sie häufig besonders tierlieb sind. Hochsensible Tierliebhaber bauen schnell enge Bindungen zu Tieren auf, versetzen sich in ihre Lage und schätzen jedes Lebewesen.

Hin und wieder geht das Einfühlungsvermögen so weit, dass HSP nicht nur über die Gefühle ihrer näheren Mitmenschen nachdenken, sondern das Ganze aus einer globalen Perspektive betrachten. Beim aktiven Nachdenken über all das Leid auf der Welt spüren einige HSP einen „Weltschmerz“, gar so als würde all das Leid der Welt auf ihren Schultern lasten. Dieses Gefühl ist kein schönes, weshalb sie von einer weiteren Fähigkeit profitieren können.

Reflexionsfähigkeit: Nachdenken und Grübeln – häufig stundenlang und/oder vor dem Einschlafen – sind tägliche Begleiter vieler HSP. Dank dieser Fähigkeit gehen Hochsensible in ihren Gedankengängen über das alltägliche

Geschehen hinaus und reflektieren auf metaphysischer Ebene die Welt und ihre eigene Rolle in unserem Kosmos. Geschieht dies wiederum unbedacht, geraten HSP schnell in existenzielle Krisen oder entwickeln sogar Depressionen (siehe Kapitel „Begleiterscheinungen von Hochsensibilität"). Sind sie sich aber dieser Fähigkeit bewusst, können daraus interessante und philosophische Gespräche entstehen, die auf einem reflektierten Selbstbewusstsein fußen. HSP, die diesen Prozess durchschritten haben, verfügen meist über eine grundsolide und zugleich komplexe Einstellung gegenüber dem Leben und den Rollen des einzelnen Individuums (vgl. ebd.). Dies ist ein großer Mehrwert in Bezug auf Selbstwahrnehmung, den viele HSP nicht missen möchten.

Kreativität: Hochsensible haben oftmals eine ausgeprägte kreative Ader, sei es beim Malen und Zeichen, Schreiben, Musizieren oder ähnlichem. In diesen Tätigkeiten gehen sie auf und versinken mitunter stundenlang konzentriert in ihren Projekten. **Perfektionismus** ist dabei keine Seltenheit. Sie arbeiten solange an ihrem Werk, bis es den eigenen Erwartungen gerecht wird. Dadurch schreiten sie möglicherweise langsamer voran als weniger perfektionistisch veranlagte Menschen, aber die Ergebnisse sprechen für sich. Diese Talente sollten HSP wertschätzen, denn Kreativität ist nicht nur hochangesehen, sondern bringt auch noch eine Menge Freude ins Leben. Außerdem bieten kreative Hobbys eine Möglichkeit, um vom Trubel des Alltags abzuschalten und dem Körper eine Pause zu gönnen. Vor allem HSP, die lärmempfindlich sind, profitieren davon, wenn sie sich hin und wieder einer ruhigen, kreativen Tätigkeit widmen.

Pflichtbewusstsein: Bei der Arbeit, einem Versprechen oder selbstgesetzten Zielen agieren HSP stets sehr gewissenhaft und zielorientiert. Dies ist ein großer Vorteil, denn Menschen, auf die man sich verlassen kann, sind sympathisch und beliebt. Auch für das eigene Gefühlsleben ist es gut, zu wissen, dass man anderen eine zuverlässige Hilfe und Unterstützung ist. Schwierig wird es jedoch, wenn Mitmenschen das Pflichtbewusstsein einer HSP ausnutzen oder ausschließlich ihren eigenen Vorteil daraus ziehen möchten. Daher ist es notwendig, als pflichtbewusste Person zu erkennen, wo die Grenzen des freundlichen Miteinanders verlaufen. Nur so ist es möglich, die Vorteile dieses Charakterzuges mit Freude zu genießen und auszuleben, ohne selbst darunter zu leiden und sich aufzuopfern.

Intimität: Was zunächst paradox erscheint, ist bei genauerer Betrachtung eine weitere plausible Facette der Hochsensibilität. Zwar ziehen sich HSP gern zurück, wenn ihnen der Lärm oder die Menschen zu viel werden, oder sie üben sich in Zurückhaltung, wenn es darum geht Urteile zu fällen. Aber dennoch schätzen sie die Nähe zu anderen Menschen sehr – allerdings eher im Einzelgespräch oder kleinen Gruppen. Sie zeichnen sich als besonders gute ZuhörerInnen aus, denn sie sind in der Lage, auf die Empfindungen des Gegenübers angemessen und einfühlsam einzugehen. Personen, die schwere Schicksalsschläge hinter sich haben, vertrauen sich einer hochsensiblen Person gern an, denn diese geht behutsam mit schwierigen Themen um. Dadurch, dass HSP häufig in Problemfragen kontaktiert werden, ist es für sie wichtig zu lernen, die Probleme und Anliegen anderer nicht zu ihren eigenen zu machen. Sogenannte Techniken der Dissoziation können dabei helfen. Mit diesen Techniken gelingt es der HSP sich und ihre eignen Gefühle von dem Geschehen und Erzählungen ihres Gegenübers bewusst abzugrenzen. Die imaginäre Abgrenzung findet auch in der Psychotherapie statt, um beispielsweise traumatische Erlebnisse aufzuarbeiten.

Hast Du häufig den Eindruck, dass Dich die Probleme der anderen persönlich belasten, Du ihnen aber dennoch gern helfen möchtest?

Tipp

Betrachte die Szene „von außen“ und stell Dir vor, Du wärst hinter einer dicken Glaswand oder von einem schützenden Licht umgeben. Aus dieser Perspektive fällt es Dir womöglich leichter, konstruktive Ratschläge zu geben.

In vergangenen Zeiten waren Persönlichkeitsmerkmale wie Reflexionsvermögen, Empathie und Intimität hochgeschätzt, denn sie zeugten von Nachdenklichkeit und reflektiertem Handeln. Dies war vor allem bei beratenden Tätigkeiten für politische Machthaber vielversprechend. Heutzutage stehen andere Charaktereigenschaften im Fokus. Der breite Markt sucht nach Menschen, die leistungsstark, ausdauernd und reisebereit sind und Verhandlungsgeschick aufweisen. In diesem Profil finden sich nur wenige Hochsensible wieder, weshalb sie eher Nischenberufe ergreifen, in denen sie Ihre Stärken ausleben können, beispielsweise als Therapeuten, Coaches oder Künstler und Autoren.

Vielleicht stellst Du Dir jetzt die Frage, wie man als hochsensible Person unter diesen Voraussetzungen in unserer heutigen Gesellschaft überleben soll, ohne einen psychischen oder körperlichen „Schaden" davon zu tragen. Die Frage ist berechtigt, denn viele HSP, die versuchen sich den gesellschaftlichen Normen zu fügen und so zu sein wie alle anderen, leiden früher oder später darunter. Das andere Extrem, der totale Rückzug aus der Gesellschaft, führt hingegen schnell zur sozialen Isolation und Ausgrenzung.

Dies ist ebenfalls kein wünschenswerter Zustand. Was bleibt also zu tun?

Im weiteren Verlauf des Ratgebers gehe ich genauer darauf ein, wie HSP ihren Alltag im Einklang mit der gesellschaftlichen Erwartung meistern können. Eines sei vorab gesagt: Die bloße Bewusstwerdung der persönlichen Veranlagung zur Hochsensibilität ist ein erster Schritt, um im Alltag Entscheidungen im Sinne des eigenen Wohlbefindens zu treffen.

Selbsttest: Bin ich hochsensibel?

Bei Hochsensibilität handelt es sich nicht um eine Krankheit, die mittels eines Diagnoseverfahrens gesichert wird. Daher wird ein Besuch in einer Arztpraxis die eigenen Vermutungen weder bestätigen noch widerlegen können.

Mittlerweile existieren viele verschiedene Fragebögen, mit dessen Hilfe eine erste Einschätzung vorgenommen werden kann. Dass jedoch jeder Mensch unterschiedlich ist, trifft natürlich auch auf Hochsensible zu. Während eine Person extrem geräuschempfindlich ist, stört sich eine andere nicht an Lärm oder lauter Musik. Trotzdem können beide hochsensibel sein.

Sobald Du von dem Phänomen der Hochsensibilität erfahren und Dich in einigen Aspekten wiedererkannt hast, wird Dich das Thema vermutlich auch im Alltag beschäftigen. Das ist eine gute Ausgangslage, um eine Art Probelauf zu machen.

Tipp

Trage den Gedanken „Ich bin hochsensibel" einige Tage oder Wochen bewusst mit Dir herum. Findest Du dadurch Erklärungen dafür, wieso Du in gewissen Situationen auf eine bestimmte Weise reagierst? Bessert sich möglicherweise sogar Deine Lebensqualität durch diese potenzielle Erklärung?

Oftmals hilft bereits die Erkenntnis dabei, die Lebenssituation zu verbessern. Endlich gibt es eine Erklärung für all das, was bisher „falsch" zu laufen schien.

Falls Du immer noch unsicher bist, ob Du zu den hochsensiblen Personen zählst, können folgende Aussagen Dir bei der Einschätzung helfen. Es handelt sich dabei nicht um einen allgemeingültigen Test. Stattdessen dienen die Aussagen als Hilfestellung, um sich über die körperlichen und psychischen Phänomene bewusst Gedanken zu machen. Je mehr Aussagen Du mit „Ja“ beantworten kannst, desto wahrscheinlicher ist es, dass Du hochsensibel bist. (Die Aussagen wurden aus Erfahrungswerten und in Anlehnung an das E-Book *„Hochsensibel ist mehr als zart besaitet. Die 100 häufigsten Fragen und Antworten“* von Sylvia Harke zusammengestellt.)

Körperliche Besonderheiten

Starten wir mit den *körperlichen* Reaktionen. Dabei ist zu bedenken, dass körperliche Beschwerden zunächst medizinisch abgeklärt werden sollten, um andere Ursachen auszuschließen. Einige HSP berichten allerdings von körperlichen Beschwerden oder Besonderheiten, für die es aus schulmedizinischer Sicht keine Erklärung gibt. Daher ist es möglich, dass Hochsensibilität der Grund für diese Reaktionen ist. Markiere all die Aussagen, die auf Dich zutreffen:

- ● Wenn viele Menschen um mich herum sind, empfinde ich die Gesellschaft und die damit verbundenen Eindrücke oft als anstrengend.
- ● Ich reagiere empfindlich auf Lärm oder laute Geräusche, zum Beispiel Musik, Straßenlärm, Baulärm oder laute Unterhaltungen.
- ● Ich erschrecke mich schnell und häufig.
- ● Ich ziehe mich aktiv zurück, um die Eindrücke des Tages zu verarbeiten.
- ○ Autofahren oder die Orientierung in fremden Städten überfordern mich schnell.
- ● Ich reagiere intensiv auf Gerüche, Licht, Farben, Berührungen, Hitze/ Kälte oder Geschmäcker.
- ○ Ich habe Probleme beim Einschlafen, weil ich viel nachdenke.
- ● Ich höre lieber auf mein Bauchgefühl als auf den Kopf.
- ○ Ich bin häufig müde und muss mich ausruhen.
- ○ Ich bin sehr schmerzempfindlich.
- ● Ich leide an mehreren Allergien

und/oder Unverträglichkeiten.

- Ich reagiere empfindlich auf Koffein, Nikotin, Alkohol oder Medikamente.
- Ich empfinde den Alltag im Allgemeinen als innerlich anstrengend.

Emotionen, Gefühle und Gedanken

Das eigene Körpergefühl ist ein wichtiger Anhaltspunkt für das eigene Wohlbefinden. Doch stehen Körper und Geist in enger Verbindung miteinander. Folgende Aussagen beschäftigen sich mit dem Innenleben von Hochsensiblen.

- Meine Laune ist stark abhängig von körperlichen Erscheinungen wie Hunger oder Müdigkeit.
- Es fällt mir schwer, abzuschalten, denn ich grübele viel. Meine Gedanken gehen immer weiter und kommen nicht zur Ruhe.
- Ich erlebe meine Gefühle stets sehr intensiv.
- Ich spüre die Energien von anderen Menschen und weiß, wie es ihnen geht.

- Die Laune von anderen Menschen geht schnell auf mich über.
- Es fällt mir schwer, mich anzupassen.
- Ich habe ein inneres Harmoniebedürfnis und gehe Streit aus dem Weg.
- Ich kann mich gute in andere Menschen oder Tiere hineinfühlen und bin sehr empathisch.
- Ich habe ein kreatives Hobby, bei dem ich abschalten kann. Ich gehe darin auf und genieße es in vollen Zügen.
- Ich träume viel und detailliert.
- Ich komme sehr gut mit Kindern zurecht und weiß sofort, was ihnen fehlt.
- Ich denke viel über das Leben und seinen Sinn nach und würde die Welt gern ein bisschen besser machen.
- In der Natur fühle ich mich mit der Welt verbunden.
- Ich habe eine ausgeprägte Fantasie.
- Ich habe Dinge erlebt, die mystisch oder unerklärlich sind.

Soziale Interaktionen

Im Kontakt mit anderen Menschen beobachten HSP häufig typische Besonderheiten. Sie zeichnen sich darüber hinaus durch eine große Hilfsbereitschaft und eine ausgeprägte soziale Einstellung aus. Vielleicht bist auch Du die erste Anlaufstelle für Deine Freunde, wenn sie Hilfe oder einen Rat brauchen? Oder wurdest Du möglicherweise schon einmal als schüchtern und zurückhaltend bezeichnet, obwohl Du den Kontakt zu anderen eigentlich magst? Folgende Aussagen beschreiben typische Verhaltensmuster von hochsensiblen Personen im Umgang mit ihren Mitmenschen.

- ● Ich verbringe Zeit mit andern lieber allein oder in kleinen Gruppen.
- ● Oftmals bin ich eher ein Einzelgänger.
- ○ Auf andere wirke ich introvertiert oder schüchtern.
- ● Meine Freunde bezeichnen mich als gute/n ZuhörerIn.
- ○ Bei Gesprächen bekomme ich alles mit, auch wenn ich abwesend wirke.
- ● Ich meide Konflikte mit anderen.
- ● Meine Mitmenschen verstehen mich

manchmal einfach nicht.

- Neuen Bekanntschaften gegenüber verhalte ich mich zunächst zurückhaltend.
- Ich bin sozial und gerecht eingestellt.
- Ich helfe gern anderen Menschen, auch Fremden.
- Ich bin sehr pflichtbewusst und erledige meine Aufgaben gewissenhaft.
- Manchmal erlebe ich telepathische Phänomene mit Menschen, die ich gut kenne.
- Für andere Menschen bin ich eine Stütze, da ich stets einen guten Rat weiß und ihnen helfen kann.

Selbstverständlich ist nicht jeder Mensch, der eine dieser Aussagen mit „Ja" beantwortet, hochsensibel. Jede Person wird sich in einigen dieser Behauptungen wiedererkennen. Relevant ist hingegen die Masse der bejahten Aussagen. Je mehr Du mit „Ja" beantwortet hast, desto wahrscheinlicher ist es, dass Du hochsensibel bist. Es gibt wie gesagt keinen medizinischen Fragebogen, der die Hochsensibilität hundertprozentig bestätigt oder negiert. Alle können lediglich eine Wahrscheinlichkeit für oder gegen die Hochsensibilität veranschaulichen.

Viel wichtiger für die Einschätzung ist Dein eigenes Empfinden und Körpergefühl. Nur Du selbst kannst in Deinen Körper hineinlauschen und seine Empfindungen spüren. Im folgenden Kapitel wollen wir uns etwas detaillierter mit den Wahrnehmungen, Gefühlen und Verhalten von Hochsensiblen befassen.

Die eigenen Wahrnehmungen verstehen

Hast Du Dich auch schon einmal gefragt, ob ein anderer Mensch die Welt genauso sehen, fühlen, riechen, schmecken – kurz gesagt wahrnehmen – würde, wie Du es tust? Wie wäre es wohl, für einen Tag im Körper eines anderen zu Leben und die Welt durch seine Augen zu sehen? Erscheinen Farben plötzlich anders? Ist die Nase sensibler? Friert oder schwitzt der andere schneller bei Temperaturen, bei denen Du Dich normalerweise pudelwohl fühlst?

Aus Gesprächen mit unseren Mitmenschen wissen wir, dass jeder ein etwas anderes Empfindungsvermögen hat und jeder mit den Vor- und Nachteilen seines Körpers leben muss. Der eine klagt über Rückenschmerzen, ein anderer erfreut daran, schwindelfrei zu sein. Brillenträger sitzen in der Bahn neben Menschen mit optimaler Sehkraft. Viele der Körperfunktionen kann die moderne Medizin messen, erkennen und falls nötig behandeln und korrigieren.

Doch wie sieht es mit Gefühlen aus? Wie stark ist zum Beispiel ein erlebter Schmerz bei einer Verletzung, wie groß ist die Freude über ein neues Geschenk, wie intensiv ist die Wut bei einem Streit? Dies zu messen und objektiv zu vergleichen, ist nahezu unmöglich. Vielleicht hast Du in einem Film schon einmal gemalte schmerzverzerrte Gesichter gesehen, anhand derer versucht wird, das Schmerzempfinden des Patienten einzuschätzen. Doch solche Hilfsmittel beantworten längst nicht jede Gefühlsfrage.

Es bleibt uns lediglich die Kommunikation, um zu erfahren, wie unser Gegenüber sich fühlt und daraus einen Vergleich zu unserem eigenen Empfindungsvermögen abzuleiten. Dies fällt leichter, wenn beide Parteien in ihren Erfahrungen auf ähnliche erlebte Situationen zurückblicken können. Wer beispielsweise schon einmal ein geliebtes Haustier verloren hat, kann nachempfinden, wie es jemandem geht, der diese Erfahrung vor kurzem machen musste.

Hochsensible zeichnen sich in ihren Empfindungsvermögen durch verschiedene Merkmale aus (Vgl. hierzu Harke: *Hochsensibel ist mehr als zart besaitet*).

Emotionen – sowohl negative als auch positive – erleben sie deutlich intensiver als nicht hochsensible Personen. Dies hat zur Folge, dass HSP schnell zu Tränen gerührt sind. Trauer, Angst, Schuld oder Scham hinterlassen einen prägenden Eindruck. Aber auch Freude, Rührung und Mitgefühl erleben HSP sehr eindrücklich. Viele Hochsensible haben daher großer Freude an Kunst, Literatur und Musik, die durch Emotionalität überzeugt. Auch sie selbst sind durch ihre künstlerische Ader dazu geneigt, sich kreativ auszudrücken – sei es musikalisch, tänzerisch oder durch die Malerei oder schriftstellerische Tätigkeiten.

Wie emotional und kreativ bist du?
Fällt Dir spontan eine Situation ein, in der Du intensiv reagiert hast und besonders traurig oder fröhlich warst?
Hast Du ein kreatives Hobby?

Körperliche Reize, die über die fünf Sinne Sehen, Hören, Riechen, Schmecken und Fühlen wahrgenommen werden, erleben HSP deutlich intensiver. Dabei müssen nicht alle Sinne gleichstark ausgeprägt sein – es kann sich auch nur um *einen* sehr ausgeprägten Sinn handeln, sodass eine Hochsensibilität in diesem Bereich anzunehmen ist. Durch die Sensibilität kommt es innerhalb von kurzer Zeit zu einer Überreizung. Musik, helles Licht oder ein kratzendes Kleidungsstück werden schnell zu einer Zerreißprobe. Hochsensible sind bestrebt, der nervenaufreibenden Situation zu entfliehen und somit den entsprechenden Reiz abzustellen. In Situationen, in denen kein Rückzug möglich ist, reagiert der Körper mit Stresssymptomen wie schwitzigen Händen, erhöhtem Puls oder

Angstzuständen. Zu der sensorischen Sensibilität zählen auch körperliche Reaktionen auf Medikamente oder intensive Genussmittel wie Koffein. Im Gegenzug sprechen HSP sehr gut auf sanfte Heilverfahren an, beispielsweise die Cranio-Sakrale-Therapie.

Teste Deine Sinne!
Auf welchen Reiz reagierst Du besonders empfindlich?
In welcher Situation merkst Du diese Sensibilität?

Grübeln, Nachdenken, Träumen – Hochsensible Personen verbringen viel Zeit des Tages damit, über sich, den Alltag, Beziehungen, ihr näheres Umfeld und den Kosmos nachzudenken. Das Hinterfragen der Werte unserer Gesellschaft sowie ein ausgeprägter Sinn für Gerechtigkeit bestimmen die Gedankengänge. Oftmals werden alle Facetten eines Themas eingehend und mehrfach beleuchtet, vor allem wenn es darum geht, eine wichtige Entscheidung zu treffen. Leider führt dies hin und wieder dazu, dass die Entscheidung besonders schwerfällt oder sich die Grübeleien ziellos im Kreis bewegen.

Auch Träume erleben viele HSP äußerst häufig und intensiv. Am Morgen erinnern sie sich an viele Details und können genau beschreiben, wie sie sich im Traum gefühlt haben. Ein Traumtagebuch kann dabei helfen, die Träume im Nachhinein zu analysieren und gegebenenfalls Parallelen zu den Erlebnissen des Alltags zu ziehen. Für Menschen, die Interesse an den neurologischen Prozessen während des Schlafens haben, ist ein solches Traumtagebuch eine spannende und gewinnbringende Basis, um den eigenen Körper verstehen zu lernen.

Eng verbunden mit diesem Aspekt der Hochsensibilität ist der Hang zur Religiosität oder Spiritualität. HSP tendieren dazu, das metaphysische Nachdenken in einen religiösen oder spirituellen Kontext zu setzen; sie ziehen daraus Erkenntnisse, mit denen die Deutung des Alltagsgeschehens leichter fällt.

Deine Gedanken drehen sich oft im Kreis?
Tipp*: Erstelle Pro- und Contra-Listen, wenn Du eine wichtige Entscheidung treffen musst.*

Du interessierst Dich für die Traumanalyse?
Tipp*: Führe ein Traumtagebuch, in dem Du morgens Deine Träume notierst.*

Als hochsensible Person hast Du möglicherweise beim Lesen der ersten Kapitel den ein oder anderen Aha-Moment erlebt und Dich mit den Aussagen identifizieren können. Dieser Prozess des Sich-Bewusstwerdens ist ein wichtiger Schritt auf dem Weg zu einem gewinnbringenden Leben mit der Hochsensibilität, denn nur wer sich selbst, seinen Körper und dessen Anforderungen kennt, kann entsprechend reagieren und seinen Alltag und sein Leben danach ausrichten. Im weiteren Verlauf des Ratgebers wirst Du erfahren, warum es so wichtig ist, die eigenen Grenzen und Bedürfnisse zu kennen.

Begleiterscheinungen von Hochsensibilität

„Es ist nicht alles Gold, was glänzt!“ – Dieses Sprichwort hast Du sicherlich schon einmal gehört und leider hat auch die Hochsensibilität ihre Schattenseiten. Vermutlich sind Dir diese sogar zuerst in Deinem Alltag aufgefallen, denn in der Regel bemerken wir immer die Dinge, die (plötzlich oder regelmäßig) nicht so funktionieren, wie wir es uns wünschen. Wie großartig sich unsere Gelenke bewegen, wenn wir etwas heben oder greifen möchten, nehmen wir nicht wahr, sondern setzen es als „normal“ voraus. Sobald aber eine Verletzung oder Entzündung im Gelenk vorliegt, merken wir plötzlich, wie

häufig wir täglich davon Gebrauch machen, und uns wird bewusst, welche Rolle das Gelenk in unserem Alltag spielt.

Ebenso verhält es sich auch mit den Vor- und Nachteilen von Hochsensibilität. Dass Du ein/e gute/r ZuhörerIn bist, tolle Ratschläge parat hast oder Dich stets für andere Menschen engagierst, erscheint Dir normal und selbstverständlich. Doch was passiert, wenn Dich längere Zeit niemand um Rat fragt oder Deine Hilfe sucht oder wenn Du siehst, wie respektlos andere Menschen miteinander umgehen? An diesem Punkt beginnst Du möglicherweise, die Vorzüge Deiner Persönlichkeit aktiv wahrzunehmen und sie zu reflektieren. Du siehst: Positive Aspekte bemerken wir meist erst dann, wenn sie fehlen.

Schüchternheit vs. Empfindsamkeit

Würdest Du Dich selbst als schüchtern beschreiben? Viele HSP werden von ihren Mitmenschen als schüchtern und zurückhaltend wahrgenommen und in vielen Fällen ist dieser Eindruck sicherlich nachvollziehbar. Durch die Überreizung, die bei der Zusammenkunft größerer Menschen auftritt, ziehen HSP sich eher zurück und beobachten das Geschehen aus der Distanz, statt sich aktiv einzubringen. Die typische Reaktion auf eine Überreizung sollte daher nicht mit Schüchternheit verwechselt werden. Tatsächlich gibt es unter den Hochsensiblen sowohl introvertierte als auch extrovertierte Personen und nicht jeder Mensch reagiert in einer bestimmten Situation gleich. Ob ein Mensch schüchtern ist, hängt nicht ausschließlich davon ab, ob er hochsensibel ist. Vielmehr sind es vor allem (Kindheits-)Erfahrungen, die unsere Persönlichkeitsentwicklung beeinflussen und für die Ausbildung von Schüchternheit verantwortlich sind. So wie sie in bestimmten Situationen auftritt, kann sie in einem anderen Kontext verborgen bleiben. Stellen wir uns ein Kind vor, dass in der Schule oder im Umgang mit anderen Kindern schüchtern und zurückhaltend reagiert, zuhause in seinem vertrauten Umfeld jedoch offen, fröhlich – ja, vielleicht sogar frech – interagiert. Schüchternheit beschreibt daher einen (vorübergehenden) Gemütszustand. Es ist die Angst davor, etwas falsch zu machen oder von anderen schlecht bewertet zu werden. Empfindsamkeit hingegen ist angeboren und von daher jederzeit vorhanden.

Sicherlich sind hochsensible Kinder empfänglicher für negative Einflüsse und Erfahrungen, weshalb die Wahrscheinlichkeit für schüchternes Verhalten steigt. Jedoch muss stets der Einzelfall betrachtet werden, statt von einer Person auf alle Hochsensiblen zu schließen. Ob jemand tatsächlich schüchtern oder aber hochsensibel und von der Gesamtsituation überwältigt ist, lässt sich am besten in einem persönlichen Gespräch herausfinden. Möglicherweise hat die betroffenen Person Angst vor negativer Kritik oder erlebte in der Vergangenheit eine Situation, in der sie das Gefühl oder die direkte Rückmeldung bekam, versagt und/oder etwas falsch gemacht zu haben.

Ob es nun die Hochsensibilität oder die Schüchternheit ist, die Dir den Abend mit Freunden und/oder Fremden vermiest, in beiden Fällen hilft möglicherweise folgender Ratschlag:

Suche das Gespräch mit Einzelpersonen statt mit der großen Gruppe. Wende Dich beispielsweise an Deinen direkten Sitznachbarn, bestenfalls in einer ruhigeren Ecke des Raums. Im Gespräch mit einer Einzelperson, kannst Du direkt auf deine/n GesprächspartnerIn eingehen Du bist nicht von den Rückmeldungen mehrerer Personen abhängig. Darüber hinaus hast Du nur wenige ZuhörerInnen, die dem Gespräch folgen, denn die anderen Gäste sind vermutlich mit ihren eigenen Gesprächen beschäftigt. Falls Du mit vielen anderen bei jemandem Zuhause eingeladen bist, kannst Du davon ausgehen, dass sich die Gäste in der Wohnung verteilen. Schau beispielsweise einmal in der Küche vorbei. Dort ist es meist etwas ruhiger und es finden womöglich tiefgründigere Gespräche in kleinerer Runde statt, als im musikdurchfluteten Wohnzimmer.

Wenn es Dir dennoch zu viel wird, scheue Dich nicht, Dir den Freiraum zu nehmen, den Du brauchst. Ziehe Dich kurz ins Badezimmer zurück, um durchzuatmen und Deinen Sinnen eine kurze Pause zu gönnen. Wenn auch dies nichts hilft, darfst Du Dich jederzeit verabschieden. Fasse Sprüche wie „Es ist doch noch so früh!“ oder „Bleib doch noch ein bisschen!“ nicht als Kritik auf. In der Regel sind diese nett gemeint und die Sprecher möchten die Party am Laufen halten. Oftmals ist ihnen nicht bewusst, dass derartige Situationen auf andere Menschen überreizend wirken. Es steht Dir frei, ihnen die Gründe für Deinen vorzeitigen Aufbruch mitzuteilen und offen darüber zu reden. Mach dies am besten von dem Aufnahmezustand deines Gegenübers und dem Vertrauensverhältnis, das zwischen euch besteht, abhängig. Wenn Deine Freunde noch nichts von der Hochsensibilität wissen, erkläre es ihnen bei einem separaten Treffen in einer ruhigen Minute. Durch die Erklärung werden sie verstehen, dass Du nicht gehst, weil Du keine Zeit mit ihnen verbringen willst, sondern dass andere Auslöser dahinterstecken. Stelle Dich aber darauf ein, dass möglicherweise nicht alle sofort nachvollziehen können, wie Du empfindest. Für nicht hochsensible Personen ist es mitunter schwer, sich in eine solche Lage hineinzuversetzen.

Ein gesunder Schlaf

Jeder von uns schläft hin und wieder schlecht oder hat eine anstrengende Woche, in der der Schlaf zu kurz kommt. Wenn Schlafmangel und Schlafstörungen allerdings chronisch werden, hat dies Auswirkungen auf den gesamten Organismus und das Wohlbefinden.

Was genau ist eine Schlafstörung? Dass wir nachts mehrfach aufwachen, ist völlig normal. In der Regel bekommen wir davon gar nichts mit und können uns am nächsten Morgen nicht daran erinnern. Erst wenn die Wachphasen mehrere Minuten andauern, gelangen sie in unser Bewusstsein. Aber auch diese Schlafunterbrechungen sind völlig harmlos, wenn sie nur vereinzelt auftreten, beispielsweise vor einer wichtigen Prüfung oder wenn vorübergehende Schmerzen und/oder eine Krankheit der Auslöser sind.

Sobald jedoch mehrere Nächte hintereinander längere Wachphasen vorliegen, sprechen Fachleute von einer Schlafstörung. Die Folgen einer unruhigen Nacht mit wenig Schlaf hast Du sicherlich schon einmal erlebt: Müdigkeit am nächsten Tag, Unkonzentriertheit, Reizbarkeit und Kopfschmerzen zählen zu den typischen Merkmalen. Bei langanhaltenden Schlafstörungen steigt das Risiko für diverse (chronische) Erkrankungen, darunter Bluthochdruck oder Magengeschwüre (vgl. Open Mind Akademie).

Einige HSP leiden an Schlafstörungen, weil ihr Gehirn, die vielen Reize des Tages verarbeiten muss und damit lange und intensiv beschäftigt ist. Gedankenspiralen und Grübeleien erschweren zusätzlich das Einschlafen. Wenn Du unter Schlafstörungen leidest oder regelmäßig Probleme damit hast, zur Ruhe zu kommen, sorge zunächst für ein angenehmes Raumklima, indem Du alle potenziellen Störfaktoren eliminierst.

Tipp
Verbanne Handys und andere Elektrogeräte aus dem Schlafzimmer.
Dunkle die Fenster ab.
Lüfte vor dem Zubettgehen.
Vermeide aktive Tätigkeiten vor dem Schlafengehen und komm bewusst zur

Balance zwischen sozialer Interaktion und Rückzug

Allerdings führt eine Hochsensibilität unter Umständen auch zu gravierenden Problemen im Alltag. Kurzfristige Auswirkungen wie die tägliche Überreizung oder Angestrengtheit wurden bereits erläutern. Durch die tägliche Belastung besteht allerdings die Möglichkeit, dass HSP langfristig stark darunter leiden und teilweise typische Symptome (psychischer) Krankheiten entwickeln.

Zu den langfristigen Folgen zählt die bereits erwähnte Gefahr der sozialen Isolation, die dadurch entsteht, dass sich HSP vermehrt zurückziehen und Kontakte zu ihren Mitmenschen vermeiden, um sich selbst vor einer Überreizung zu schützen. Die langfristige Abschottung von seinen Mitmenschen ist für den Menschen als soziales Wesen im Allgemeinen, aber insbesondere für Personen, die sehr sozial und empathisch eingestellt sind, ein großes Problem. Im Alltag gibt uns die Interaktion mit anderen Menschen das Gefühl, „da“ zu sein, wahrgenommen zu werden, kurz: zu existieren. Konkret bedeutet dies, dass vor allem der Kontakt zu engen Freunden oder Familienangehörigen ein wichtiger Faktor für die Entwicklung des eigenen Selbstwertgefühls ist. Durch Lob, positive Rückmeldungen, aber auch durch konstruktive Kritik erlernen wir, wer wir sind und wo unsere Stärken und Schwächen liegen. Selbstverständlich benötigt jedes Individuum einmal Zeit für sich und möchte allein sein. Dies fällt noch nicht unter den Begriff der sozialen Isolation. Erst wenn über einen längeren Zeitraum Kontakte gemieden, Verabredungen abgesagt werden und der/die Betroffene von sich aus keinen Kontakt zu anderen Menschen sucht, spricht man von sozialer Isolation.

Diese kann wiederum die Ursache für gravierende körperliche Folgen sein. Ein relativ häufiges Krankheitsbild sozial isolierten Personen, die unter der Einsamkeit und hohem Stress leiden, ist die Depression. Inwieweit ein direkter Zusammenhang zwischen Depressionen und Hochsensibilität besteht, wurde bisher aufgrund der recht jungen Kenntnis über Hochsensibilität nicht erforscht.

Hochsensibilität ist ein großer Bonus, den das Leben einigen Menschen gewährt. Leider erleben viele HSP allerdings bereits in der Kindheit traumatische Situationen oder einen Umgang, der ihren Anforderungen nicht gerecht wird. Dies führt dazu, dass sie einige von ihnen eine Neigung für depressive Verstimmungen entwickeln, die unter anderen Umständen nicht eingetreten wären. Daher ist es sinnvoll und hilfreich, wenn HSP ebenso wie andere Personen, die unter vermehrtem Stress oder Einsamkeit leiden und deren Gedankengänge an eine Abwärtsspirale erinnern, die Warnzeichen von

Depressionen kennen, um gegebenenfalls rechtzeitig eingreifen zu können. Zu diesen gehören unter anderem (vgl. hierzu: iFightDepression):

- Emotionale Niedergeschlagenheit oder Traurigkeit über einen längeren Zeitraum hinweg
- Schwierigkeiten beim Empfinden von Freude, Spaß und Lust
- Eingeschränktes Interesse, Antriebslosigkeit, wenig Aktivität
- Sozialer Rückzug
- Leichtere Erschöpfbarkeit
- Geringes bzw. Verlust von Selbstvertrauen und Selbstwertgefühl, Pessimismus
- Selbstvorwürfe (unbegründet)
- Kopfschmerzen
- Schlafstörungen oder Schlaflosigkeit
- Appetitlosigkeit
- Vermindertes Konzentrationsvermögen
- Möglicherweise suizidale Gedanken oder suizidales Verhalten

Falls Du bei Dir oder Deinen Mitmenschen Anzeichen einer Depression erkennst, ist schnelles Handeln gefragt.

Eine Depression verschwindet in der Regel nicht „einfach so“, sondern sollte von einer Fachkraft behandelt werden. Dabei ist es wichtig, die Auslöser der Depression zu erkennen und weitestgehend abzustellen. Auch eine exakte Diagnose ist wichtig. Handelt es sich beispielsweise um eine depressive Episode, sind manische Phasen vorhanden, ist die Störung rezidivierend oder langanhaltend? Diese Einschätzung kann nur ein dafür ausgebildeter Spezialist vornehmen, der dann individuelle Therapiemaßnahmen ergreift.

Gut zu wissen!

Bereits Kleinkinder ab einem Jahr können an Depressionen erkranken! Zu den depressiven Symptomen bei Kindern zählen unter anderem: Spielunlust oder auffälliges Spielverhalten, ein ausdrucksarmes Gesicht, gestörtes Essverhalten, selbststimulierendes Verhalten (zum Beispiel exzessives Daumenlutschen) sowie reduzierte Kreativität und Ausdauer.

Zwischen Angst und Mut

Angst ist Dein täglicher Begleiter und Dir wurde womöglich sogar eine Angststörung diagnostiziert? Damit bist Du nicht allein. Menschen, die viel Zeit mit dem Nachdenken über sich und die Welt, in der sie leben, verbringen, kommen früher oder später an den Punkt, sich selbst zu hinterfragen. Vergleiche mit den Mitmenschen und erkennbare Unterschiede führen unter Umständen zu Selbstzweifeln und Minderwertigkeitsvorstellungen. Möglicherweise fühlen sich diese Personen ausgegrenzt und haben das Gefühl, nicht der Norm zu entsprechen. Ebenso führen Gedanken über den Kosmos und das Leben unweigerlich zu einer Auseinandersetzung mit den Themen Vergänglichkeit und Tod. Das Gefühl der Angst ist damit eng verbunden. Angst davor, allein zu sein. Angst vor der Zukunft. Angst, dass irgendwann alles zu viel wird. Angst, Ziele nicht erreichen zu können oder zu versagen. Angst vor dem Sterben. Jeder von uns kennt diese Ängste und Phasen, in denen die ein oder andere Situation ausweglos erscheint, wir unser Leben und Wirken hinterfragen und wir beginnen zu zweifeln. Im Normalfall ergibt sich aber eine Lösung für das Problem oder wir lernen, uns nicht von den Ängsten leiten zu lassen.

Die intellektuelle und philosophische Auseinandersetzung mit den großen Fragen des Lebens ist ein spannendes Thema, von dem Du Dich persönlich allerdings nicht vereinnahmen lassen solltest, indem Du darin versinkst. Der Austausch und das Philosophieren mit anderen Interessierten lenkt die eigenen Gedanken häufig in eine neue Richtung und eröffnet neue Blickwinkel.

Falls Du vermutest, unter einer Angststörung zu leiden, weil die tägliche Angst Dich so sehr vereinnahmt und einschränkt, dass Du Deinen Alltag nicht meistern kannst, begib Dich in therapeutische Behandlung! Die Lebenszeit ist zu kostbar, um sie ausschließlich mit Angst zu füllen. Ein Spezialist auf dem Gebiet kann Dir dabei helfen, die Angststörung zu analysieren und zu überwinden.

Tipp

Versuche die Vergänglichkeit als et-was Positives wahrzunehmen und Gefühle wie Angst, Trauer und Wut zuzulassen. Diese Gefühle gehören ebenso zu unserem Leben wie die positiven Emotionen.

Analysiere, welches Gefühl, Dich ausbremst und von Deinen Zielen abhält.

Hochsensible Kinder und Jugendliche

Hochsensibilität entsteht nicht von heute auf morgen, sondern begleitet die Personen ein Leben lang. Tatsächlich liegen zum aktuellen Zeitpunkt nur wenig Forschungsergebnisse vor, die die Ursachen von Hochsensibilität untersucht haben. Wenn Du hochsensibel bist, wirst Du bereits im Kindes- oder Jugendalter festgestellt haben, dass sich Dein Empfindungsvermögen von dem anderer Kinder unterscheidet. Dieses Kapitel soll Dich bei der Selbstreflexion unterstützen und eine kleine Zeitreise mit Dir machen. Ziel ist es, dass Du Dich selbst und Deine Kindheit in einem neuen Licht betrachten kannst.

Vielleicht liest Du diesen Ratgeber auch, weil Du vermutest, dass Dein Kind hochsensibel ist. Auch hierbei kann das folgende Kapitel eine große Stütze sein, um die Hochsensibilität zu erkennen und Ratschläge an die Hand zu bekommen.

Hochsensibilität bei Kindern

Die Frage, ob Hochsensibilität angeboren, also genetisch bedingt, ist, im Laufe des Lebens „anerzogen" oder erworben wird oder ob eine Kombination von verschiedenen Faktoren für die hohe Sensibilität verantwortlich ist, beschäftigte auch Elaine N. Aron. Sie ist der Überzeugung, dass Hochsensibilität angeboren ist und das Leben des/der Betroffenen maßgeblich beeinflusst (vgl. Aron, Elaine N.: *Sind Sie hochsensibel?* S. 9f).

In Einzelfällen ist es möglich, dass die Hochsensibilität im Laufe der Jahre durch die erlebten Erfahrungen beeinflusst werden oder sogar in den Hintergrund treten kann, einige typische Verhaltensmuster werden womöglich von dem/der Betroffenen bewusst vermieden. Dennoch ist die Veranlagung vorhanden, auch wenn einige Komponenten weniger stark ausgeprägt sein mögen als zu einem früheren Zeitpunkt.

Vielen HSP ist allerdings lange Zeit nicht bewusst, dass sie hochsensibel sind. Erst beim Hinterfragen der eigenen Sinneseindrücke, der aktiven Auseinandersetzung damit oder durch einen Zufall erfahren sie, dass es Hochsensibilität gibt und wodurch sie sich auszeichnet.

Dies bedeutet, dass hochsensible Kinder oftmals in der Masse der anderen Kinder untergehen und ihre Hochsensibilität von Eltern und/oder ErzieherInnen nicht erkannt wird. Möglicherweise fallen sie auch besonders auf, weil sie beispielsweise lieber allein spielen, statt sich zu den anderen Kindern zu gesellen, oder im Unterricht beginnen, zu zeichnen oder zu lesen und sich in sich selbst zurückziehen. Häufig wird dieser typische Rückzug mit Schüchternheit verwechselt. Möglicherweise bezeichnen Eltern das Verhalten ihres Kindes als Schüchternheit, weil es ihnen unangenehm ist, wenn ihr Kind nicht auf andere Kinder zugeht und somit „anders“ erscheint. Sie suchen eine plausible Erklärung für das typische Verhalten eines hochsensiblen Kindes. Doch ist es ein hohes Gut, wenn sich ein Kind seiner eigenen Komfortzonen bewusst ist und genau weiß, wo und wie es sich wohlfühlt – ein Wissen, das vielen Erwachsenen abhandengekommen ist, sodass sie es mühsam neu erlernen müssen. Eltern und ErzieherInnen sollten diese Kenntnis respektieren und unterstützen, statt das Kind zu Situationen zu nötigen, aus denen es lieber fliehen würde. Neue Situationen – und dies gilt sowohl für Kinder als auch für Erwachsene – sollten stets in einem akzeptablen und angenehmen Rahmen und niemals allein erlebt werden. Eine Bezugs- oder Begleitperson erleichtert die Herausforderung. Zudem sollte es jederzeit die Möglichkeit geben, sich aus der Situation zurückzuziehen, wenn die Belastung zu hoch ist.

Wie wir sehen, haben hochsensible Kinder im Alltag mit anderen Herausforderungen zu kämpfen als ihre nicht hochsensiblen Altersgenossen. Mit etwas

Feingefühl lassen sich jedoch von außen die Anzeichen von Hochsensibilität erkennen. Beispielsweise ist der **Gerechtigkeitssinn** bei vielen hochsensiblen Kindern bereits stark ausgeprägt, wodurch sie Konflikte durchdenken und das Verhalten anderer Kinder gegebenenfalls als extrem ungerecht wahrnehmen. In der Regel meiden sie jedoch Konfliktsituationen und reagieren unter anderem mit Flucht oder Weinen.

Bei Schulaufgaben arbeiten hochsensible Kinder sehr **detailgenau** und brauchen dadurch mitunter länger für die Aufgaben als ihre MitschülerInnen. Dies gilt allerdings eher für Themen, die das Kind interessieren. Bei „uninteressanten“ Themen wirkt es hingegen unmotiviert und lässt sich nur schwer für die Aufgabe begeistern.

Darüber hinaus sind hochsensible Kinder sehr **naturverbunden**, das heißt sie verbringen gerne und viel Zeit draußen, entdecken kleinste Details in ihrer Umwelt und begeistern sich für Tiere und natürliche Materialien.

Möglicherweise ist bei ihnen bereits ein besonderes **sprachliches, künstlerisches oder musikalisches Talent** zu erkennen, das sie im Laufe ihres Lebens weiter ausbauen werden. In der Schule glänzen sie in Fächern wie Kunst, Musik, Religion, Deutsch (Literatur) und ggf. in Physik oder Biologie, wenn sie sich für diese Themen interessieren. Sie stellen mitunter komplexe und tiefgründige Fragen zu den im Unterricht behandelten Sachverhalten.

Hochsensible Kinder werden häufig als „**Träumer**" wahrgenommen, die in ihrer eigenen Welt zu leben scheinen. Die „Träumereien" (das Verarbeiten äußerer Reize oder einer spannenden Fragestellung) führen häufig dazu, dass sie etwas vergessen oder unpünktlich sind. Hierauf sind sie nicht stolz, sondern eher geknickt, da sie sich selbst oder andere nicht enttäuschen möchten.

Viele hochsensible Kinder haben nur **wenig Freunde**, pflegen diese Freundschaften dafür aber umso intensiver. Ihre Freundschaften sind ihnen extrem wichtig, sie setzen sich im Schulalltag in sozialer Hinsicht sehr für ihre MitschülerInnen ein und sind stets hilfsbereit.

In lauten oder turbulenten Situationen benötigen hochsensible Kinder jedoch nach kurzer Zeit eine **Rückzugsmöglichkeit**. Eltern, LehrerInnen und ErzieherInnen fällt möglicherweise auf, dass sich das Kind vorzeitig aus der Situation entfernen möchte. Vermeintlich freudige Anlässe wie **Kindergeburtstage oder Weihnachten** bedeuten für hochsensible Kinder eine stressige Situation, da viele Reize und außergewöhnliche Abläufe auf sie einströmen. Möglicherweise ziehen sie sich in solchen Situationen zurück, um die Eindrücke zu verarbeiten. Einen vergleichbaren **Stressor** stellen **Prüfungssituationen** oder die **Notenvergabe** in der Schule dar. Die Angst, versagt zu haben oder schlecht bewertet zu werden, nehmen sich hochsensible Kinder sehr zu Herzen, weshalb größtes Einfühlungsvermögen seitens der Lehrkraft gefragt ist (vgl. für ein tieferes Verständnis dieser und weiterer Merkmale hochsensibler Kinder vgl. *hochsensibel? Informations-*

broschüre des Informations- und Forschungsverbandes Hochsensibilität e. V. zum Thema Hochsensibilität und zum Verein, S 12f).

Aus der Innenperspektive empfinden bereits junge hochsensible SchülerInnen das **Gefühl, „nicht dazuzugehören“** und „irgendwie anders“ zu sein. Dennoch versuchen viele hochsensible Kinder und Jugendliche, sich anzupassen, um nicht als AußenseiterInnen zu gelten. Dabei fällt es ihnen häufig schwer, „Nein“ zu sagen und ihren benötigten Freiraum einzufordern. Stattdessen kreisen ihre Gedanken schon in jungen Jahren um das große Ganze und sie stellen Fragen zu Gott, dem Tod oder dem Himmel.

Der **Lärm** auf dem Schulhof, beim Sportunterricht oder die Theateraufführung werden ihnen möglicherweise zu viel, sodass sie sich im Schulalltag eher allein oder mit wenigen Freunden in ruhigeren Bereichen des Gebäudes oder Schulhofes aufhalten. Besonders im Sportunterricht halten hochsensible Kinder dem damit verbundenen Konkurrenzkampf und Leistungsdruck nicht stand, sodass sie diese Stunden als äußerst belastend wahrnehmen.

Womöglich sind sie in gewissen Situationen auch **ängstlicher** als ihre MitschülerInnen und wägen im Vorfeld die Risiken ab, beispielsweise beim Schulsport. Dennoch muss die Angst kein Grund sein, sich von neuen Erfahrungen abhalten zu lassen. Wenn das Kind den Wunsch hegt, etwas Neues auszuprobieren, helfen Geduld und die Unterstützung der Eltern oder anderer Bezugspersonen dabei, dieses Ziel zu erreichen und Ängste zu überwinden.

Bereits Babys und Kleinkinder zeigen Symptome von Hochsensibilität. Elaine N. Aron erläutert in ihrem Buch *„Sind Sie hochsensibel? Wie Sie Ihre Empfindsamkeit erkennen, verstehen und nutzen“*, welchen Einfluss eine glückliche oder weniger glückliche Kindheit auf die weitere Entwicklung eines hochsensiblen Kindes hat. Die Verhaltensmuster der engsten Bezugspersonen prägen auf gravierende Weise die Persönlichkeit und Entwicklung eines Kindes. Daher ist es empfehlenswert, sich als Erwachsener mit der eigenen Kindheit auseinanderzusetzen und sie zu reflektieren. Welche Verhaltensmuster legte die Bezugsperson an den Tag? Wurde das Kind überdurchschnittlich stark behütet? Herrschte ein Leistungsdruck? Oftmals tragen wir die Eindrücke aus unserer Kindheit und die damit verbundenen Vorstellungen unserer Eltern auch als Erwachsene (unbewusst) mit uns herum. Mütter, die besonders ängstlich waren und ihr Kind vor allem schützen wollten, übertragen diese Eigenschaft leicht auf das Kind, sodass es als erwachsene Person ebenfalls ängstlich agiert und vor neuen Herausforderungen zurückschreckt.

Mit dem Eintritt in die Schule erleben Kinder den ersten gravierenden Einschnitt in ihrem Leben. Sie sind mehrere Stunden von den Eltern getrennt und treten in engen und intensiven Kontakt mit Gleichaltrigen. Neben den vielen neuen Regeln in der Schule sehen sich zudem mit neuen Aufgaben und Herausforderungen konfrontiert.

Elaine N. Aron beschreibt im Kapitel

„Schuljungen – Schulmädchen" (S. 113-145) des oben genannten Buches, dass sich zwischen hochsensiblen Jungen und Mädchen einige Unterschiede beobachten lassen, wobei die gesellschaftliche Erwartungshaltung nicht außer Acht zu lassen sei. Diese werde eher erfüllt, wenn es sich um ein sensibles und empfindsames Mädchen handelt. Jungen hingegen sehen sich dem Gesellschaftsbild des großen, starken Mannes gegenüber, der sie einmal werden sollen. Sensibilität scheint nicht in dieses Bild zu passen. Dies hat zur Folge, dass sensible Jungen, die als introvertiert gelten, sehr vorsichtig im Umgang mit anderen Kindern agieren. Sie bauen eine Art Schutzschild um sich und ihre Empfindsamkeit auf, während sensiblen Mädchen diese Eigenschaft beim Kontakt mit anderen Mädchen zugutekomme. Auf das Schutzschild der Jungen müssen sie verzichten, was sich langfristig negativ auswirken könne, zum Beispiel in Situationen, in denen sie ihre Gefühle kontrollieren lernen müssen.

Leider ist das Thema Hochsensibilität bei ErzieherInnen und LehrerInnen noch relativ unbekannt, sodass die betroffenen

Kinder im Alltag nicht die Aufmerksamkeit und Möglichkeiten bekommen, die sie bräuchten. Daher liegt es zum jetzigen Zeitpunkt in der Verantwortung der Eltern, das pädagogische Personal darüber zu informieren und aufzuklären, wenn ihr Kind hochsensibel ist. Im direkten Austausch mit den Pädagogen können sie Hinweise zum Umgang mit dem Kind geben und Besonderheiten erklären. Auf diese Weise fällt es den Lehrkräften und ErzieherInnen (in Zukunft) leichter, das Verhalten hochsensibler Kinder zu deuten und darauf einzugehen.

Negative Ereignisse in der Kindheit, die auf dem falschen oder unbedachten Umgang mit Hochsensibilität fußen – sei es bewusst oder unbewusst –, tragen hochsensible Kinder bis ins Erwachsenenalter mit sich. Wie für alle Kinder ist auch für sie die bisherige Erfahrung ein wichtiger Grundstein für die persönliche, kognitive und emotionale Weiterentwicklung. Wenn die Kindheit von negativen Ereignissen und Erinnerungen geprägt ist, erscheint es nicht verwunderlich, dass das Selbstvertrauen des daraus hervorgehenden Erwachsenen instabil ist und Ängste und

Selbstzweifel entstehen können.

Natürlich trifft dieses Szenario nicht auf alle hochsensiblen Kinder zu. Jedes Kind ist verschieden und hat seine eigenen Stärken, Schwächen, Vorlieben und Abneigungen. Und das ist auch gut so!

Pädagogen, Eltern und Freunde, die über die Anforderungen von hochsensiblen Kindern informiert sind, bieten ihnen die Möglichkeit, eine glückliche und unbeschwerte Kindheit zu erleben, indem sie beispielsweise geduldig sind, sie loben, wenn sie etwas Neues ausprobieren, ihnen den nötigen Freiraum und Rückzugsmöglichkeiten geben oder sich oft mit ihnen in der Natur aufhalten. Ebenso ist es hilfreich, den Druck des Konkurrenzkampfes unter den Kindern zu eliminieren und ihnen bewusst zu machen, dass jeder Mensch einzigartig ist und daher andere Stärken und Schwächen besitzt. Der richtige Umgang kann daher ebenso präventiv und positiv wirken wie der falsche Umgang Probleme verfestigen kann.

Zeitreise

Wie hast Du Deine Kindheit und Deine Bezugspersonen erlebt?

Erinnerst Du Dich an besonders

positive/negative Erfahrungen in Bezug auf Dein Empfindungsvermögen?

Wie haben Deine Mit-menschen in dieser Situation reagiert und welche Re-aktion hättest Du Dir gewünscht?

Hochsensibilität bei Jugendlichen

Aus Kindern werden Erwachsene. Doch zwischen diesen beiden Lebensabschnitten steht die spannende Phase der Jugend und Pubertät. Teenager sehen sich vielen wichtigen Themen und Herausforderungen gegenüber. Zu ihnen zählen die die Entfaltung des eigenen Ichs, die Zukunftsplanung, der Führerschein, die erste große Liebe und das Erwachen sexueller Bedürfnisse, möglicherweise die Konfrontation mit Drogen und Alkohol sowie die Übernahme von mehr und mehr Verantwortung. In dieser Phase werden außerdem Freundschaften zunehmend wichtiger und der eigene Freundeskreis ist für viele Jugendliche wie eine zweite Familie, deren Bedürfnisse mitunter sogar über denen der tatsächlichen Familie stehen.

Hochsensiblen Jugendlichen kann der Druck all dieser Themen schnell über den Kopf wachsen. Möglicherweise hast Du während Deiner Jugend unter (Zukunfts-)Ängsten gelitten und hast es nicht geschafft, Dich damit auseinanderzusetzen. Die Aussicht auf einen neuen Lebensabschnitt nach der Schule, den Auszug von Zuhause und der Beginn des Erwachsenseins schien Deine Freunde zu begeistern, während Du jedoch Angst vor der Veränderung hattest und den Weg ins Erwachsensein lieber kleinschrittig gegangen bist. Möglicherweise hat der Besuch einer weiterführenden Schule den Auszug etwas hinausgezögert, statt einen kompletten Rundumschlag zu wagen. Diese „Verzögerungstaktik“ ist ein gutes Mittel, um dem Erwachsenwerden Schritt für Schritt näherzukommen. Der Sprung in ein neues Leben durch einen Umzug und beispielsweise den Beginn eines Studiums oder einer Ausbildung fernab von der gewohnten Umgebung hat für viele Hochsensible eine unerträgliche Überreizung zur Folge, sodass sie dazu neigen, das Studium oder die Ausbildung nach kurzer Zeit abzubrechen. Statt einen Rückzugsort in der neuen Wohngemeinschaft vorzufinden sieht sich der hochsensible Student im Extremfall gezwungen, mit den anderen Studierenden mitzuhalten und ihre Verhaltensmuster zu adaptieren, auf Partys zu gehen und möglicherweise Alkohol und Drogen zu konsumieren.

Elaine N. Aron stellt in dem Buch *„Sind Sie hochsensibel? Wie Sie Ihre Empfindsamkeit erkennen, verstehen und nutzen“* (S. 140-143) eine These auf, die sie aus Gesprächen mit HSP ableitet. Demzufolge würden junge, sensible Männer tendenziell drei bis vier Jahre später heiraten und Nachwuchs zeugen und die Karriereleiter langsamer hinaufklettern als ihre nicht hochsensiblen Altersgenossen. In diesen Punkten zeigt sich die Verzögerungstaktik, die sich möglicherweise bereits zu früheren Zeiten ausgezahlt hat.

Junge, sensible Frauen, so Aron weiterhin, würden sich dem traditionellen Muster der Lebensabschnitte fügen und in einer Ehe Sicherheit suchen, statt ihre eigenen Interessen zu verfolgen und ihre Kreativität auszuleben. Erst später durchbrechen einige von ihnen dieses Muster.

Ob und inwiefern die Aussagen der Realität entsprechen, bleibt offen. Möglicherweise erkennst Du Dich oder Dein Kind aber darin wieder. Versuche daher Deine Jugend und das frühe Erwachsenenalter rückblickend neu zu bewerten.

Rückblick

Welche Verhaltensweisen hast Du in Deinem jungen Erwachsenleben anderen zu liebe gezeigt und warum?

Wie lief der Prozess des Erwachsenwerdens für Dich ab und womit hattest Du Schwierigkeiten?

Achtsamkeit und Gesundheit

Unser Körper ist das Verbindungsglied zwischen unserem Geist und der Außenwelt. Mit ihm und seinen Sinnen nehmen wir die Welt um uns herum wahr und interpretieren sie auf unsere persönliche Weise. Es ist nicht möglich, die Welt aktiv aus dem Körper eines anderen Menschen wahrzunehmen. Uns bleibt lediglich die Imagination, um uns dies vorzustellen. Wir können nur in dem Rahmen agieren, den uns unser Körper zugesteht und ermöglicht. Die Wahrnehmung durch unseren eigenen Körper lässt sich nur bedingt beeinflussen. Durch Training und Wiederholung können wir beispielsweise seine Leistung steigern. Gesunde Ernährung und regelmäßige Bewegung wirken sich positiv auf seine Gesundheit aus, während Drogen oder ungesunde Ernährung ihm schaden, zu Einschränkungen führen und die Lebenszeit verkürzen.

Das gesunde Ernährung und Selbstschutz wichtig sind, lernen wir bereits als Kinder. Und bereits im Kinder- und Jugendalter fällt es uns schwer, alle Regeln für ein gesundes und langes Leben einzuhalten. Die Süßigkeiten sind zu verlockend, das PC-Spiel viel interessanter als der matschige Sportplatz. Dennoch wissen wir es meist, wenn wir unserem Körper schaden, und es fällt uns schwer, die „richtigen" Verhaltensweisen an den Tag zu legen. Jede/r RaucherIn, die/der mit dem Rauchen aufhören möchte, und jede/r FastfoodliebhaberIn, die/der abnehmen möchte, kann davon ein Lied singen. Oftmals verlangen wir von Kindern und Jugendlichen eine Selbstbeherrschung, die so manchen Erwachsenen überfordert. Nur durch Selbstdisziplin und die bewusste Integration in den Alltag können wir bevorzugte Verhaltensmuster erlernen und umsetzen.

Verfestigte Muster sind sowohl die

Hürde als auch der Schlüssel zu einem gesunden und glücklichen Leben. Es liegt in unserer Hand, die „richtigen" Muster zu etablieren und „falsche" aus unserem Alltag herauszuwerfen. Was das für den Einzelnen bedeutet, kann dabei sehr unterschiedlich sein. Selbstverständlich gelten einige Hinweise (zum Beispiel gesunde Ernährung und ausreichend Bewegung) für alle Menschen. Andere wiederum müssen individuell entschlüsselt und an die eigenen Bedürfnisse und Wünsche angepasst werden.

Mache Dir bewusst, dass es stets schwierig ist, eingefahrene Verhaltensweisen und Gewohnheiten umzuprogrammieren. Oftmals ist dies ein langer Prozess, der erlernt werden will und dem zunächst ein Moment des Bewusstwerdens und der Selbsterkenntnis vorausgeht. Konsequenz und Durchhaltevermögen – auch bei Rückschlägen – sind notwendig, um das Ziel zu erreichen.

Wie verhält sich diese Thematik nun in Bezug auf die Hochsensibilität?

Falls Du erst seit kurzen weißt, dass Du hochsensibel bist, und Dir dadurch so mancher Aha-Moment begegnet ist, hast Du den ersten wichtigen Schritt bereits getan. Dir ist eine Tatsache über Dich selbst *bewusst geworden*. Mit dieser Erkenntnis hast Du die Möglichkeit, die Facetten deines Lebens neu zu beleuchten, weitere Schritte zu planen und herauszufinden, an welchen Stellschrauben deines Alltags Du drehen kannst, um ihn angenehmer zu gestalten. Dies ist kein einmaliges Ereignis. Stattdessen wird Dich die Hochsensibilität aktiv begleiten. Durch die neu erlangte Erkenntnis, mit der Du Dich und Deinen Körper nun wahrnehmen kannst, bewertest Du Situationen völlig neu. Falls ein Reiz Dich zu übermannen droht, weißt Du, warum dies so ist und kannst Strategien entwickeln, um die Überreizung zu verhindern. Diese Strategien werden zu Deinen neuen Handlungsmustern, die sich mit der Zeit verfestigen. Beispielsweise baust Du morgens und abends Meditationsrituale ein, um Dich bewusst zu erden und den Tag zu beginnen oder zu beenden. Oder Du machst geräuschunterdrückende Kopfhörer zu Deinen standardmäßigen

Begleitern, um Dein sensibles Gehör vor Lärm zu schützen. (Was Du im Einzelfall tun kannst, erfährst Du im Kapitel „Tipps für den Alltag“.)

Doch damit ist es noch nicht getan. Die Achtsamkeit – der Zustand, in dem Du Deinen Körper und die Welt um Dich herum bewusst und frei von störenden Gedanken, Bewertungen und Emotionen wahrnimmst – sollte zu Deinem neuen Begleiter und Ratgeber werden, den zu regelmäßig kontaktierst. Diesen Zustand erreichst Du beispielsweise bei der Meditation. Auch im Rahmen der Psychotherapie oder im Buddhismus spielen Achtsamkeit und Achtsamkeitstechniken eine bedeutende Rolle. Solche Techniken und Therapieansätze können unter anderem bei der Schmerz- oder Stressreduktion helfen.

Indem Du achtsam bist und Dich für die Dinge um Dich herum öffnest, ohne sie dabei zu bewerten oder mit Emotionen zu verbinden, verhilfst Du Deinem Geist zu Ruhe und Gelassenheit.

Kombinierst Du Achtsamkeit und eine

gesunde Ernährung mit den richtigen Verhaltensmustern, bist Du auf einem guten Weg, ein Leben zu führen, das sowohl für Deinen Körper als auch Deinen Geist ein Gewinn ist. Mache Dir aber keine Vorwürfe, wenn nicht alle Deine Vorhaben sofort umsetzbar sind. Manchmal wirst Du mehrere Anläufe benötigen, um ein neues Ziel zu erreichen. Sei also fair zu Dir selbst und gib Dir Zeit.

Tipps und Tricks

Bisher wurden viele Informationen rund um das Thema Hochsensibilität vorgestellt. Widmen wir uns nun dem praktischen Umgang damit. Wie kannst Du Deine Hochsensibilität im Alltag nutzen und auf Deine Bedürfnisse reagieren, ohne dass Du unter vermehrten Reizen leidest oder Dich permanent zurückziehen musst? Bedenke stets, dass Dein Körper, Deine Gesundheit und die damit verbundene Selbstfürsorge Priorität haben. Du musst nicht sein, wie andere es von Dir erwarten, sondern so wie Du Dich in Deinem Körper wohlfühlst. Vor diesem Hintergrund können Dir die folgenden Tipps helfen, Deinen Alltag angenehm zu gestalten und zu organisieren. Nicht alle

Tipps werden für Deine persönliche Situation passen. Sie sind abhängig davon, welche Sinne bei Dir besonders stark ausgeprägt sind und in welchen Kontexten Du überfordert oder überreizt bist. Du kannst daher sowohl unter der Überschrift der einzelnen Sinne als auch nach einem bestimmten Kontext, zum Beispiel Alltag und Arbeit, Partnerschaft oder Kinder, filtern. Suche Dir die Tipps heraus, von denen Du denkst, dass sie Dir in der ein oder anderen Situation helfen können. Scheue Dich auch nicht, etwas Neues auszuprobieren, wovon Du bisher Abstand gehalten hast.

Tipps für die Sinne

Hörsinn: Magische Ruhe!

Öffentliche Plätze oder Verkehrsmittel, Baustellen, Straßenlärm, Musik, Unterhaltungen, Sportveranstaltung ... all das prasselt täglich auf uns und unser Gehör ein. Wenn Du Dich nach etwas Ruhe im Alltag sehnst, probiere Folgendes aus:

- *Geräuschunterdrückende Kopfhörer*

(Noice Cancelling): Heutzutage sieht man jedermann auf der Straße mit Kopfhörern herumlaufen. Die meisten hören Musik auf dem Weg zur Arbeit oder zur Schule. Doch wer sagt, dass diese praktischen Helferlein einen Ton abgeben müssen? Qualitativ hochwertige geräuschunterdrückende Kopfhörer sind absolut schalldicht. Mit ihnen hast Du die Möglichkeit, Deinen Ohren eine Pause zu gönnen, beispielsweise in der Straßenbahn oder in der Mittagspause bei der Arbeit. Du wirst merken, welch lohnende Anschaffung solche Kopfhörer bei einem sensiblen Gehör sind.

Doch **Vorsicht**: Im Straßenverkehr solltest Du die Kopfhörer nicht tragen, da Du ansonsten die anderen Verkehrsteilnehmer nicht hören kannst. Sicherheit geht vor!

- *Brainwave-Musik*: Manchmal ist nicht das Problem, DASS Du etwas hörst, sondern, WAS Du hörst. Mit Brainwave-Musik hat Dein Geist die Möglichkeit, zur Ruhe zu kommen. Du kannst diese Musik zur Entspannung,

Meditation oder während kreativer Prozesse hören und wirst merken, welche Vorteile es hat, andere Geräusche dadurch auszublenden.

- *Eine Lärmpause nehmen*: Du hast weder Kopfhörer noch Brainwave-Musik zur Hand? Dann mach eine Pause. Gehe spazieren, bestenfalls in der Natur oder an einem anderen ruhigen Ort, und gönne Deinen Ohren eine Lärmpause. Tanke Kraft und Du kannst anschließend mit neuer Energie weitermachen.

Sehsinn: Es gibt so viel zu entdecken!

Mit unseren Augen nehmen wir in nur einer Sekunde unglaublich viele Eindrücke auf. Licht, Schatten, Formen, Farben, Strukturen und Bewegungen prasseln auf uns ein. Kein Wunder, dass sensible Augen schnell überreizt sind. Natürlich willst Du nicht blind durch die Gegend gehen, aber vielleicht helfen Dir folgende Tipps:

- *Sonnenbrille*: Eine gute Sonnenbrille

ist an hellen Tagen Gold wert. Vor allem im Sommer blenden die Sonne und helle Flächen, die das Licht reflektieren, unsere Augen. Scheue Dich daher nicht, stets eine Sonnenbrille dabei zu haben und sie zu nutzen, sobald Dich das Licht blendet.

- *Raus in die Natur*: Ebenso wie beim Hören geht es manchmal nicht darum, DASS, sondern, WAS wir wahrnehmen. Gönne Deinen Augen eine Abwechslung und blicke in die Natur. Etwas Grünes und Frisches zu sehen, wirkt unheimlich entspannend auf die Augen. Die ruhige Umgebung der Natur trägt ebenfalls dazu bei, Entspannung zu finden und für eine Weile abzuschalten.

- *Augen schließen*: Manchmal hilft es, die Augen für eine Weile zu schließen und sie dadurch vor den Reizen zu schützen. Schließe sie bewusst für einige Minuten und konzentriere Dich dabei ganz auf Deinen Körper und seine Empfindungen.

- *Mit Schlafmaske schlafen:* Bei empfindlichen Augen ist ein dunkles Schlafzimmer besonders wichtig. Falls Du keine Möglichkeit hast, Dein Schlafzimmer abzudunkeln, oder ein helles Licht vor dem Fenster dennoch durch die Vorhänge scheint, nutze eine Schlafmaske. Sie schützt Dich vor nächtlichem Licht und gibt Deinen Augen die Ruhe, die sie beim Schlafen benötigen.

- *Blaufilter am Handy/Laptop aktivieren:* Elektronische Displays strahlen vermehrt ein blaues Licht aus. Dieses hemmt die Produktion des Einschlafhormons Melatonin. Gerade abends ist dieser Effekt kontraproduktiv, da unser Körper somit nur schwer zur Ruhe kommen kann. Wenn Du abends weder auf Dein Handy oder Deinen Laptop verzichten möchtest, aktiviere den Blaufilter an dem Gerät. Dieser ist bei neueren Modellen standardmäßig vorhanden und filtert das blaue Licht heraus. Das Display erscheint zunächst etwas rötlich, doch bereits nach wenigen Minuten haben sich die Augen daran gewöhnt und dem Körper fällt es leichter, das Schlafhormon Melatonin zu bilden.

Haptischer Sinn: betörend oder abschreckend?

Reagierst Du empfindlich auf Berührungen und Kleidung? Dann ist vermutlich Dein Berührungsempfinden stark ausgeprägt. Mach Dir diese Empfindsamkeit im Alltag zu Nutze und genieße sie regelmäßig!

- *Massagen*: Sanfte Massagen vom Profi oder dem Partner/der Partnerin sind eine willkommene Abwechslung vom stressigen Alltag. Mit etwas Massageöl werden die Berührungen zu einem schönen Ritual, das sich problemlos in den Alltag integrieren lässt und Dich Deinem Körper bewusst näherbringt.

- *Umarmungen*: Eine Umarmung von einem geliebten Menschen sagt manchmal mehr aus als 1000 Worte. Fühl Dich Deinen Liebsten nah und umarme sie regelmäßig. Das schweißt euch noch näher zusammen. Fühle Dich aber nicht genötigt, jemanden zu umarmen, wenn Du dies nicht möchtest. Stelle Deine persönlichen Grenzen offen dar, wenn gerade keine Umarmung wünschst.

- *Kleidung*: Vermeide raue Stoffe oder Kleidung mit kratzigen Schildern, um Deine Haut zu schonen. Baumwolle ist besonders hautfreundlich und sollte daher bei der Kleiderwahl ganz oben stehen.

- *Duschgel, Seife & Co.*: Achte bei der Auswahl von Hygieneprodukten darauf, dass sie für empfindliche Haut geeignet und einen hautneutralen pH-Wert haben, um Hautirritationen oder Kontaktallergien zu vermeiden.

Geschmackssinn: Unwiderstehliche Gaumenfreude!

Liebst Du es, zu essen? Schmeckst Du jede Gewürznuance in Deinen Mahlzeiten und hast absolute Lieblingsgerichte?

Dann bist Du vermutlich auch ein/e begeisterte/r Hobbykoch/-köchin. Manchmal jedoch erscheint Dir die Mahlzeit zu stark gewürzt und Du fragst dich, wie andere dieses Gericht essen können? Bei sensiblen Geschmacksnerven gehört eine bewusste Ernährung zu Deinem Alltag.

- *Bewusst essen*: Damit Du Deine Mahlzeiten voll und ganz genießen kannst, solltest Du bewusst essen. Konzentriere Dich auf das, was auf Deinem Teller liegt und nimm die einzelnen Geschmacksrichtungen bewusst wahr!

- *Langsam essen*: Möglicherweise leidest Du unter einem empfindlichen Magen. In diesem Falle hilft es, langsam zu essen und auf große Portionen zu verzichten. Nimm beispielsweise einen kleinen Löffel oder eine kleine Gabel. Auf diese Weise kannst Du die Größe der Bissen kontrollieren. Doch auch bei einem intakten Verdauungstrakt hilft Dir langsames Essen dabei, Deine Mahlzeit bewusst wahrzunehmen und zu genießen.

- *Koche selbst*: Eine gesunde Ernährung ist für jeden Menschen wichtig. Du kannst diese Herausforderung selbst in die Hand nehmen und entscheiden, was auf den Tisch kommt. Durch selbst zubereitete Gerichte hast Du außerdem die Möglichkeit, auf unnötige Geschmacksverstärker und Konservierungsstoffe zu verzichten, auf die Du unter anderen Umständen sensible reagieren würdest. Wähle jedoch stets Zutaten, die Dir bekommen. Dies ist besonders wichtig, wenn Du unter Lebensmittelunverträglichkeiten leidest. Darüber hinaus sind Abwechslung auf dem Teller und eine ausgewogene Ernährung das A und O.

- *Meal-Prep*: Öffentliche Restaurants sind mittlerweile gut mit den Lebensmittelwünschen und -anforderungen ihrer KundInnen vertraut. Neben vegetarischen und veganen Gerichten finden sich auf vielen Speisekarten standardmäßig Gerichte ohne Gluten, Laktose oder Nüsse. Falls Du unter vielen Lebensmittelunverträglichkeiten leidest und Deine Kantine oder ein Restaurant keine Gerichte anbietet, die Du essen kannst, bereite Deine Mahlzeiten ganz oder teilweise zu Hause vor. Viele Restaurants reagieren tolerant, solange Du etwas bestellt und es mit dem Mitgebrachten kombinierst. Du kannst offen damit umgehen, wenn jemand nachfragt oder Dir schiefe Blicke zuwirft. Erkläre Deine Situation und Du wirst sehen, dass Deine Mitmenschen Interesse und Verständnis dafür zeigen.

Geruchssinn: anregend intensiv!

Der Geruchssinn ist etwas Wunderbares! Frisch gemähtes Gras, ein neues Buch, duftende Blumen – die Welt ist voll von angenehmen und betörenden Gerüchen. Selbst bei der Partnerwahl steuern uns Pheromone, die uns zeigen, welche/r potenzielle PartnerIn besonders gut zu unseren eigenen Genen passt. Doch leider sind nicht alle Gerüche angenehm. Einige können sogar Übelkeit und starke Abneigung hervorrufen. Wer hält sich schon gern in der Nähe von Mülltonnen auf oder hat im Sommer Spaß an einer vollen U-Bahn mit stark schwitzenden Menschen? Gerüche aus unserer Umwelt lassen sich nur begrenzt vermeiden. Einige Tipps können die Wahrnehmung der Gerüche jedoch mit einem neuen Licht beleuchten.

- *Bewusstwerden*: Führe Dir vor Augen, welche Gerüche Du besonders angenehm findest und welche eine starke Abneigung hervorrufen.

- *Durch den Mund atmen*: Beim Anblick des Bioabfalls wird Dir übel? Leider muss er dennoch hinausgebracht werden. Überwinde diesen kurzen Moment, indem Du bewusst durch den Mund atmest. Das funktioniert auch bei anderen kurzzeitig auftretenden unangenehmen Gerüchen.

- *Starke Gerüche meiden*: Leichter gesagt als getan! Es gibt Situationen, in denen wir immer wieder einem bestimmten Geruch ausgesetzt sind. Möglicherweise benutzt der/die PartnerIn ein neues, intensives Parfüm.

Scheue Dich nicht davor, das Thema offen anzusprechen und bitte ihn oder sie darum, weniger zu verwenden oder darauf zu verzichten. Auch Du selbst solltest nur Hygieneprodukte verwenden, die wenig oder keine Duftstoffe enthalten.

- *Angenehme Gerüche bewusst aufnehmen*: Es gibt bestimmte Gerüche, die uns glücklich machen oder an ein schönes Ereignis in der Vergangenheit erinnern. Was hält Dich davon ab, diese Gerüche bewusst zu riechen? Du liebst den Geruch der Natur? Dann geh hinaus und atme tief ein! Der Geruch von frischen Waffeln lässt Dir das Wasser im Mund zusammenlaufen? Am Wochenende hast Du bestimmt Zeit, das Waffeleisen aus dem Schrank zu holen!

- *Der Duft in der Tasche*: Kennst Du schon Pocket Inhaler? Diese kleinen Inhalatoren sind vor allem in Thailand beliebt. Durch die Größe eines Lippenstiftes passen sie in jede Tasche. Steigt Dir ein unangenehmer Geruch in die Nase, schnapp Dir den Inhalator und tausche Gestank gegen einen Wohlgeruch. Alternativ könntest Du auch ein gut riechendes Taschentuch oder etwas Ähnliches mitnehmen, an dem du zwischendurch riechst.

Tipps für den Alltag

Bisher hattest Du womöglich noch keine praktische Vorgehensweise, die Dir den Umgang mit Deiner Hochsensibilität im Alltag erleichtert. Stattdessen hast Du verschiedene Dinge ausprobiert oder Situationen gemieden, von denen Du wusstest, dass sie Dich überreizen. Folgende Tipps können Dir helfen, die Hochsensibilität im Alltag bewusst anzunehmen und ihn entspannt zu gestalten, damit es nicht zu einer dauerhaften Überreizung kommt. In diesem Sinne sind **Rituale** besonders wichtig. Sie strukturieren Deinen Tag und geben Dir Sicherheit. In diesen Moment bist Du ganz bei Dir und kannst die Umwelt ausblenden.

Der Morgen – eine Routine entwickeln: Schaffe Dir nach dem Aufstehen einen Zeitrahmen, in dem Du Dich sammeln kannst. Dein Morgenritual kann zum Beispiel eine Meditations- oder Yogaeinheit sein, mit der Du den Tag beginnst. Durch die Meditation oder Yoga konzentrierst Du Dich auf Deinen Körper und Deine Atmung. Du startest somit entspannt in den Tag.

Der Tag bei der Arbeit oder Zuhause: Wenn Du unzufrieden mit Deinem derzeitigen Job bist, höre einmal tief in Dich hinein? Wobei geht Dein Herz auf und womit möchtest Du Deinen Lebensunterhalt verdienen? Deine Intuition ist eine wichtige Helferin bei der Berufswahl. Hin und wieder besteht jedoch eine Diskrepanz zwischen Berufung und der Berufswahl, sodass es nötig ist, einen Beruf auszuüben, der lediglich dem Verdienen von Geld dient. Sei Dir dessen stets bewusst und suche Dir in diesem Fall Projekte in Deiner Freizeit, bei denen Du Deine Talente ausüben kannst. Im Optimalfall findest Du im Laufe deines Lebens eine Möglichkeit, Beruf und Berufung zu vereinen.

Doch auch im Berufsalltag ist Deine Intuition ein steter Begleiter, denn egal, welchen Beruf Du ausübst, vermutlich wirst Du es immer auf eine nachdenkliche und Weise tun. Aufgrund Deiner bisherigen Erfahrungen und Weiterbildungen wirst Du im beruflichen Kontext sinnvolle und konstruktive Ratschläge parat haben, die dir, Deinen KollegInnen und dem Unternehmen weiterhelfen können. Nimm diese Rolle als weise/r RatgeberIn bewusst wahr!

Plane Deinen (Arbeits-)Tag

Zeitmanagement ist das A und O in einem vollen Terminkalender. Nimm Dir vor, eine Sache nach der anderen zu erledigen, statt mehrere Dinge gleichzeitig zu tun. Setze dabei Prioritäten: Was ist heute am wichtigsten? Dazu gehört es auch, Überstunden zu vermeiden. Du hast vermutlich viele tolle Ideen, die Deine Arbeit voranbringen oder neue Projektideen anstoßen; dennoch führt auch dieser positive Stress auf lange Sicht zu einer Überreizung. Beende Deinen Arbeitstag daher nach einer akzeptablen Anzahl von Stunden.

Schaffe Dir Rückzugsräume

Sowohl zu Hause als auch bei der Arbeit ist ein Ort, an dem Du Deine Ruhe hast, empfehlenswert. Dies kann ein ganzes Zimmer oder auch nur ein gemütlicher Sessel oder ein Spaziergang sein. Sobald Du eine Pause benötigst, suche diesen Ort auf und sammele Dich.

Gönne Dir regelmäßig kleine Pausen!

Auch wenn Dein Terminkalender aus allen Nähten platzt. Sie sind wichtig, damit Du eine Weile keine neuen unangenehmen Reize verarbeiten musst und Deine Augen eine Erholung vom Blick auf den Computerbildschirm bekommen. Bereits ein Gang zur Büroküche oder ein Blick aus dem Fenster verschaffen Deinem fleißigen Kopf eine kurze Verschnaufpause.

Atemtechniken

Sie helfen Dir dabei, zur Ruhe zu kommen. Durch bewusstes Atmen fährt Dein Kreislauf runter und Dein Körper erhält große Mengen Sauerstoff. Dieser hilft Dir im Anschluss dabei, Dich zu konzentrieren. Im Internet findest Du viele Anleitungen für Atemtechniken in den verschiedensten Situationen. Zunächst mag es Dir schwerfallen, eine bestimmte Anzahl an Sekunden ein- und auszuatmen. Aber schon bald wirst Du einen positiven Effekt bemerken.

Lerne, „Nein“ zu sagen

Deine eigenen Grenzen sollten sowohl Dir als auch Deinen Mitmenschen bewusst sein und offen kommuniziert werden. Dein/e ChefIn oder ein/e ArbeitskollgeIn möchte, dass Du eine zusätzliche Aufgabe übernimmst, obwohl Du bereits ausgelastet bist? Dann stelle klar, dass Du bereits am Limit arbeitest und dass sich zusätzliche Aufgaben kontraproduktiv auf die Ergebnisse auswirken würden. Auch Freunden gegenüber darfst Du „Nein“ sagen, zum Beispiel, wenn Du nicht auf eine Party gehen möchtest.

Zeit im Grünen

Verbringe in Deiner Freizeit Zeit in der Natur und/oder mit Tieren! Durch den

Kontakt zur Natur hast Du die Gelegenheit, den Einklang des Universums wahrzunehmen und Dich neu zu erden. Außerdem ist es wichtig, Zeit mit Dir allein zu verbringen. Dies kannst Du entweder an Deinem Rückzugsort oder bei einem Spaziergang tun.

Umgang mit den Medien

Soziale Medien, Nachrichten und das Fernsehen überhäufen uns tagtäglich mit einer Fülle an Informationen und Eindrücken. Wenn Du nicht vollständig auf diese Medien verzichten möchtest, plane feste Zeiten dafür ein und reduziere den Konsum. Nutze bei den sozialen Medien die Einstellungsmöglichkeiten, sodass Du nur Informationen und Postings angezeigt bekommst, Du wirklich sehen möchtest.

Den Stift in die Hand nehmen

Die Eindrücke des Tages kannst Du besonders gut verarbeiten, indem Du sie aufschreibst. Führe ein Tagebuch oder versuche Dich im kreativen Schreiben, indem Du Deine Erlebnisse in Geschichten verpackst. Einmal aufgeschrieben, schwirren Dir die Gedanken nicht mehr permanent im Kopf herum und Du kannst besser abschalten.

Der Abend – bewusst zur Ruhe kommen

Ebenso wie morgens solltest Du auch abends feste Rituale in Deinen Alltag einbauen.

Digitale Medienpause

Direkt vor dem Schlafengehen (bestenfalls bereits eine Stunde vorher) solltest Du kein(en) Handy, Laptop oder Fernseher mehr benutzen. Die Medienflut und das künstliche Licht wirbeln Deine Gedanken eher auf, statt sie zur Ruhe kommen zu lassen. Nimm Dir lieber ein gutes Buch und lies vor dem Schlafen einige Seiten.

Meditation

Durch eine Meditation vor dem Schlafengehen kommen Deine Gedanken zur Ruhe und der Körper entspannt sich. Die bewusste Atmung hilft ihm, sich auf die Nacht vorzubereiten. Im Rahmen der Meditation findest Du zu Dir selbst. Alle störenden Gedanken und Probleme des Alltags werden ausgeblendet. Was zählt ist das Hier und Jetzt; Du in diesem Raum in diesem Moment.

Raumklima

Sorge für eine angenehme Schlafumgebung. Lüfte vor dem Schlafengehen, damit ausreichend Sauerstoff im Schlafzimmer ist. Dunkle das Zimmer ab, damit Dich kein Licht von draußen stört. Drehe die Heizung auf eine für Dich angenehme Temperatur. Nutze kein Handy oder Laptop direkt vor dem Schlafengehen. Achte auf ausreichend Schlaf. Wer mehr Eindrücke verarbeiten muss, benötigt dafür genügend Zeit.

Tipps für die Partnerschaft

Sich zu verlieben ist eines der schönsten Gefühle, die wir erfahren können. Noch schöner ist es, wenn die Liebe erwidert wird und wir mit der Person, die wir lieben, einen gemeinsamen Lebensweg beschreiten. Die Formen der Liebe und Partnerschaft variieren dabei stark.

Viele Menschen bevorzugen einen monogamen Lebensstil, andere wiederum wechseln ihre Partner häufig und wieder andere möchten keine Partnerschaft eingehen und pflegen stattdessen die Bande zu Familie und Freunden umso intensiver.

Falls Du zu denjenigen gehörst, die in einer monogamen Partnerschaft leben oder eine solche Beziehung anstrebst, sei Dir bewusst, dass das Zusammenleben mit (einem) anderen Menschen – sei es in einer Partnerschaft oder in einer Wohngemeinschaft – nicht immer reibungslos verläuft. Besonders eine Partnerschaft zwischen einer hochsensiblen Person und einer nicht hochsensiblen Person kann eine Herausforderung sein. Nicht hochsensiblen Personen fällt es mitunter schwer, die Empfindsamkeiten des Partners/der Partnerin nachzuvollziehen. Andersherum können sich HSP schwer vorstellen, wie es ist, weniger zu empfinden, als sie selbst es tun. Konflikte sind vorprogrammiert. Doch wie so oft ist auch hier Kommunikation der Schlüssel zur Lösung vieler Probleme. Ein harmonisches Miteinander ist ohne Probleme möglich, wenn beide PartnerInnen offen für die Gefühle der/des anderen sind und etwaige Konflikte lösen möchten.

Es wurden bereits viele Bücher über die Liebe, ihre Erscheinungsformen, Bindungsverhalten, Partnerwahl, Vergötterung und Idealisierung des anderen geschrieben. Dies auszuführen, würde an dieser Stelle zu weit gehen. Konzentrieren wir uns stattdessen auf praktische Hinweise, die Du im Alltag umsetzen kannst.

Reden, reden, reden

Hast Du Dich Hals über Kopf verliebt und deinem/r Liebsten intensiv gezeigt, wie wichtig er/sie Dir ist, doch nun treibt Dich der Alltag immer wieder an Deine Grenzen und Du sehnst Dich nach etwas Zeit für Dich? Dein nachvollziehbarer Wunsch nach Rückzugsmöglichkeiten ist unter Umständen für deine/n PartnerIn nicht so eindeutig erkennbar, wie Du es Dir wünschst. Er oder sie erlebte die erste Zeit mit Dir vermutlich ähnlich intensiv wie

Du, freute sich über Deine ungeteilte Aufmerksamkeit, kleine Gesten und stundenlange, tiefgründige Gespräche. Nun ziehst Du Dich mehr und mehr zurück, was für Dich normal ist, er oder sie aber noch nicht kennt. Möglicherweise wird der Rückzug falsch verstanden, als Kritik an der anderen Person oder es entsteht das Gefühl, die ersten Wochen seien „nicht echt“ gewesen. Bemerkst Du in einer jungen Beziehung, dass Dein Verhalten zu Verunsicherung führt, stell die Dinge klar. Eine offene, konstruktive und ehrliche Kommunikation ist die Lösung für viele Probleme, vor allem solche, die auf Missverständnissen beruhen. Sprich offen über das Thema Hochsensibilität und was es für Dich im Alltag bedeutet. Erkläre, dass Du regelmäßig Zeit für Dich benötigst, um zur Ruhe zu kommen, und dass das nichts mit der anderen Person zu tun hat. Wenn dein/e PartnerIn Interesse zeigt, kannst Du ihn/sie mit Deinen Ritualen vertraut machen. Zeige ihm / ihr Atemtechniken oder Meditationsübungen, die Du regelmäßig ausführst. Wer weiß, vielleicht hilft es auch ihm/ihr.

Treffen mit Freunden planen

Viele HSP sehen ihre eigene Wohnung als Rückzugsort. Besuch empfangen sie selten oder nur in kleiner Runde und meistens mit genügend Vorlaufzeit. Wenn dein/e PartnerIn Spontaneität liebt und gern überraschend Freunde einlädt, kann dies bei einer gemeinsamen Wohnung zu Konflikten führen. Möglicherweise fühlst Du Dich überrumpelt, da Du Dich nach einem langen Arbeitstag zuhause entspannen wolltest. Damit die Stimmung nicht kippt und alle ihren Abend genießen können, stellt Regeln auf, mit denen ihr beide leben könnt. Zum Beispiel darüber, was die Häufigkeit oder Größe des Besuchs betrifft. Erkläre auch, warum es Dir wichtig ist, rechtzeitig über Besuch Bescheid zu wissen, und dass Du gern die Möglichkeit hast, Dich zurückzuziehen, wenn es zu viel wird, ohne dass dies bei Freunden oder der/dem PartnerIn falsch aufgefasst wird. Sei dabei jedoch auch respektvoll gegenüber den Ansichten und Wünschen deines Gegenübers. Versucht gemeinsam einen Kompromiss zu finden, um in Zukunft mit ähnlichen Situationen konstruktiv umzugehen.

Hochsensibilität ist eine Gabe!

Wir sind am Ende des Ratgebers angelangt. Zum Abschluss möchte ich zusammenfassen, was Du über die Hochsensibilität erfahren hast und welchen Weg dieser Lernprozess verfolgt.

Mein Anliegen war es, Dir die Hochsensibilität näherzubringen und Dir sowohl die negativen Begleiterscheinungen als auch die positiven Seiten dieser besonderen Veranlagung aufzuzeigen. Durch die Kenntnis beider Seiten der Medaille kannst Du nun erkennen, in welchen Lebensbereichen Du die Hochsensibilität für Dich nutzen kannst oder wo sie Dich einzuschränken droht. Mit einem Selbsttest konntest Du Deinen Körper und seine Reaktionen hinterfragen und herausfinden, ob Reaktionen, die Du regelmäßig beobachtest, möglicherweise auf die Hochsensibilität zurückzuführen sind. Vielleicht bist Du durch dieses Buch zum ersten Mal mit dem Thema in Kontakt gekommen. Daher ist es wichtig und auch interessant, eine erste Selbsteinschätzung vorzunehmen.

Anschließend ging es darum, die eigenen Wahrnehmungen besser zu verstehen, denn wer sich selbst und seinen Körper gut kennt und versteht, geht deutlich selbstbewusster durch den Tag. An dieser Stelle ist es befreiend, Dich selbst so zu akzeptieren, wie Du bist. Häufig fühlen sich HSP wie Außenseiter und sehen sich als Einzelkämpfer, die „irgendwie anders“ sind. Wer seine sensible Seite bisher verflucht hat, konnte durch dieses Buch hoffentlich eine neue Sichtweise hinzugewinnen. Die Hochsensibilität ermöglicht Wahrnehmungen und Empfindungen, die vielen anderen Menschen verborgen bleiben. Wer sich selbst und seine Grenzen kennt, kann diese zusätzlich aufgenommen Reize positiv nutzen, beispielweise um seiner Kreativität freien Lauf zu lassen, anderen mit klugen und durchdachten Ratschlägen zu helfen oder um das eigene Selbstbewusstsein zu steigern. Damit dies gelingt, gilt es, die bremsenden Faktoren, die durch Hochsensibilität zum Tragen kamen, zu identifizieren und einen konstruktiven Umgang damit zu pflegen. Daher ist es notwendig, sich mit den eigenen Schattenseiten auseinanderzusetzen. Erst dann kann man sie akzeptieren (wenn sie akzeptabel sind), bekämpfen (wenn es sich um unerwünschte Verhaltensmuster dreht) oder behandeln (falls Störungen vorliegen, die einer medizinischen oder psychotherapeutischen Behandlung bedürfen). Falls Du festgestellt hast, dass Du professionelle Hilfe benötigst, nimm diesen Schritt umgehend in Angriff! Bitte Freunde oder Deine Familie, Dich dabei zu unterstützen.

Durch viele praktische Tipps habe ich versucht, Dir Werkzeuge an die Hand zu geben, mit denen Du Deinen Alltag angenehmer gestalten kannst und ich freue mich, wenn Du den ein oder anderen Tipp ausprobieren möchtest oder bereits ausprobiert hast.

In der folgenden Tabelle kannst Du Dir Deine bisherigen Maßnahmen notieren, die Du in Bezug auf die Hochsensibilität ergriffen hast. Schreibe auch dazu, warum Du diesen Tipp umsetzen möchtest oder umgesetzt hast und welches Problem diese Maßnahme lösen könnte. Du kannst die Zeilen farblich oder anderweitig markieren, um zu sehen, welche Tipps funktioniert haben. Falls ein Tipp nicht funktioniert, überlege, woran es liegen könnte? Möglicherweise kannst Du einen Tipp abwandeln, sodass er besser zu Deiner Situation passt.

Es ist egal, *wie* Du vorgehst. Letztendlich zählt der Prozess, durch den Du Dich weiterentwickelst.

Tipps, die ich ausprobiert habe	Tipps, die ich noch ausprobieren möchte	Grund und Datum

Wichtig sind lediglich vier Stufen:

Selbsterkenntnis, Selbstbewusstsein, Selbstvertrauen und Selbstwirksamkeit.

Im ersten Schritt erfährst Du etwas Neues über Dich selbst. Das ist die **Selbsterkenntnis.**

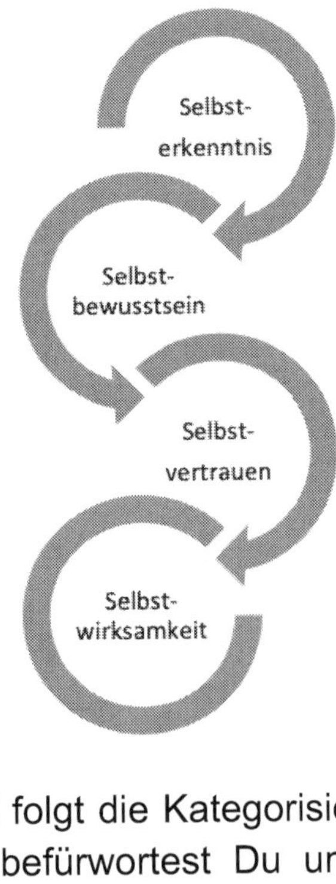

Indem Du Dir bewusstwirst, wie Du tickst, und vor allem welche Gründe und Auslöser dahinterstecken, gehst Du bereits den nächsten Schritt. Du steigerst Dein **Selbstbewusstsein**. Anschließend folgt die Kategorisierung: Was davon befürwortest Du und was möchtest Du gern ändern? Dadurch, dass Du weißt, wie Du bist, gewinnst Du **Selbstvertrauen**. Dieses hilft Dir dabei, Änderungen anzustreben und umzusetzen. Indem Du dies tust, hast Du den vierten Schritt der **Selbstwirksamkeit**

erlangt. Du erkennst, was du alles aus eigenen Stücken bewirken kannst. Du weißt nun, dass es in Deiner Hand liegt, Dinge, die Dich betreffen zu hinterfragen und zu ändern, sodass Du Dein Leben nach deinen eigenen Regeln genießen kannst. Scheue Dich dabei nicht, Grenzen zu ziehen, um Dich selbst zu schützen. ArbeitskollegInnen, FreundInnen und PartnerInnen werden Dich verstehen, wenn Du offen und ehrlich mit ihnen sprichst. Falls Du dennoch auf Unverständnis stößt, akzeptiere es und bleibe Dir selbst weiterhin treu. Sich zu ärgern, bringt Dich nicht weiter.

Jeder Mensch ist anders und liest mit seinem persönlichen Fokus, der sich aus Erfahrungen und Interesse zusammensetzt. Daher ist es nur zu wahrscheinlich, dass jede/r LeserIn andere Aspekte dieses Buches in Erinnerung behalten wird. Eines jedoch liegt mir besonders am Herzen:

Sei Dir der Einzigartigkeit Deiner Persönlichkeit und deines Körpers bewusst!

Es mag sein, dass die Hochsensibilität

Dich zu einem geräuschempfindsamen Menschen macht, der Lärm meidet. Und das ist in Ordnung! Niemand erwartet von Dir, dass Du Dich in Situationen begibst, in denen Du Dich unwohl fühlst oder schlimmstenfalls krank wirst. Falls sich die Situation in Einzelfällen doch nicht vermeiden lässt, helfen Dir die Tipps dabei, sie erträglicher zu gestalten.

Erinnere Dich stets daran, dass Du etwas Besonderes bist und dass Deine Hochsensibilität zu Dir gehört. Wenn Du Trübsal bläst, führe Dir die Vorteile der Hochsensibilität vor Augen: Sie macht Dich zu einem Experten für Emotionen, sodass Du Freude, Glück und Liebe so intensiv empfinden kannst wie nur wenige andere Menschen. Besonders wenn Du anderen gern hilfst, ist Deine Empathie ein großer Pluspunkt. Durch sie fällt es Dir leicht, Deine Mitmenschen zu verstehen. Dein facettenreiches Denken hilft Dir auch dabei, Streits zu schlichten und Konflikte zu lösen, sodass die Harmonie, die Du liebst, schnell wiederhergestellt ist. Außerdem brauchst Du keinen teuren Fernseher oder ein neues Auto, um Freude zu empfinden. Es sind die kleinen

Dinge im Leben, die Dir bereits ein Lächeln aufs Gesicht zaubern: ein Sonnenstrahl, der Duft deines Lieblingsessens und das Gefühl, im Hier und Jetzt zu sein – Was wünscht man sich mehr? Du bekommst dadurch einen einzigartigen Bezug zu Dir und der Welt, von dem anderen Menschen nur träumen können. Du weißt, dass Deine Intuition ein wichtiger Ratgeber ist, auf den Du Dich verlassen kannst und der Dir oft den Weg weist. Damit bist Du ein willkommener Gegenpol zu der zumeist rationalen Welt um Dich herum. Statt nach wirtschaftlichem Wachstum zu streben, denkst Du an alternative Wege und zeigst den Menschen in Deinem Umfeld dadurch neue, wichtige Wege und Facetten eines Themas auf. Wie viele potenziell schwerwiegende Fehler wurden schon durch Dein Handeln oder Eingreifen vermieden?

Zu guter Letzt sollten wir Deine Kreativität nicht vergessen, durch die Du in der Lage bist, Dich auf ganz besondere Weise auszudrücken und zu entfalten. Beim Malen, Zeichnen, Musizieren, Tanzen oder bei handwerklichen Tätigkeiten geht Dein Herz auf? Egal was es ist, verfolge dieses Hobby weiter und integriere es aktiv in Deinen Alltag. Die Lebenszeit ist zu kurz, um auf Dinge zu verzichten, die wir gerne tun und in denen wir aufblühen.

Abschließend möchte ich Dir alles Gute für Deinen Umgang mit der Hochsensibilität wünschen und freue mich, wenn Du die Vorteile dieser interessanten und vielseitigen Veranlagung schätzen lernen konntest.

Über die Autorin

Lena Steinkamp ist durch ihre Schwester, die selbst hochsensibel ist, auf das Thema der Hochsensibilität aufmerksam geworden. Gemeinsamen haben sie die Gabe erkundet. Die Erkenntnisse teilt Lena heute, um anderen hochsensiblen Menschen eine Abkürzung zu einem erfüllten Leben zu ermöglichen.

Wenn Dir dieses Buch geholfen hat, freut sich Lena über eine Rezension. Das hilft anderen hochsensiblen LeserInnen auf das Buch aufmerksam zu werden und den eigenen (Lebens-) Weg zu finden.

Danke!

Weiterführende Links und Literatur

Allgemeine Informationen

Informations- und Forschungsverband Hochsensibilität e. V. Website abrufbar unter: http://www.hochsensibel.org/

Parlow, Georg: *Zart besaitet. Selbstverständnis, Selbstachtung und Selbsthilfe für hochsensible Menschen.* Festland Verlag, Wien, 2003. https://amzn.to/3chemq8 *

Zum Umgang mit Angststörungen

Trappmann-Korr, Birgit: *Wie Hochsensible mit Angst umgehen können.* Online abrufbar unter: https://www.trappmann-korr.de/bibliothek/wie-hs-mit-angst-umgehen-k%C3%B6nnen/

Zum Thema Schlafstörungen

Open Mind Akademie: *Schlafstörungen bei Hochsensibilität.* Online abrufbar unter: https://open-mind-akademie.de/schlafstoerungen-bei-hochsensibilitaet/

Zur Hochsensibilität bei Kindern

Aron, Elaine N.: *Das hochsensible Kind: Wie Sie auf die besonderen Schwächen und Bedürfnisse Ihres Kindes eingehen.* mgv Verlag, Heidelberg, 2008.
https://amzn.to/39adFNc *

Loewe, Svenja: *Hochsensibel und löwenstark: Der Ratgeber für Eltern hochsensibler Kinder in Kindergarten und Schule.* Books on Demand, Norderstedt, 2019.

https://amzn.to/399yJU6 *

Quellen

Aron, Elaine N.: *Sind Sie hochsensibel? Wie Sie Ihre Empfindsamkeit erkennen, verstehen und nutzen*. mvg Verlag, Heidelberg, 2005.
https://amzn.to/2w9WgWC *

Informations- und Forschungsverband Hochsensibilität e. V.: hochsensibel? Informationsbroschüre des Informations- und Forschungsverbandes Hochsensibilität e. V. zum Thema Hochsensibilität und zum Verein. Online-Version August 2014. Abrufbar unter: https://www.hochsensibel.org/dokumente/Broschuere.pdf

Harke, Sylvia: Hochsensibel ist mehr als zartbesaitet. Die 100 häufigsten Fragen

und Antworten. Verlag Via Nova, Petersburg. (E-Book)
https://amzn.to/2TneI5T *

iFightDepression – European Alliance against Depression e. V.: *Anzeichen und Symptome einer Depression.* Online abrufbar unter: https://ifightdepression.com/de/fuer-alle/anzeichen-und-symptome-einer-depression

* Die mit Sternchen (*) gekennzeichneten Links sind sogenannte Affiliate-Links. Wenn Du auf einen solchen Affiliate-Link klickst und über diesen Link einkaufst, bekomme ich von dem betreffenden Online-Shop oder Anbieter eine Provision. Für Dich verändert sich der Preis nicht – manchmal ermöglicht Dir der Link aber auch Zugang zu einem besseren Angebot. Wenn Du das nicht möchtest, ist das auch vollkommen in Ordnung!

Impressum

Angaben gemäß §5 TMG

Lena Steinkamp wird repräsentiert durch:

Britta Manthée
Britta Manthée Media
Bahnstrasse 18
D-61381 Friedrichsdorf

Kontakt
Mail: media@britta-manthee.de
Web: www.britta-manthee.de

Umsatzsteuer
Umsatzsteuer-Identifikationsnummer gemäß §27 a Umsatzsteuergesetz:
DE327262527

Haftung für Inhalte

Alle Texte, Informationen und Hinweise stellen keine Beratung oder Empfehlung dar. Sie wurden aus bestem Wissen und Gewissen aus öffentlichen Quellen übernommen. Der Inhalt dieses Buches dient der Bildung und Veranschaulichung. Eine Haftung für Richtigkeit und Vollständigkeit kann nicht übernommen werden. Solltest Du den Informationen folgen, handelst Du eigenverantwortlich.

Als Diensteanbieter sind wir gemäß § 7 Abs.1 TMG für eigene Inhalte in diesem Buch nach den allgemeinen Gesetzen verantwortlich. Nach §§ 8 bis 10 TMG sind wir als Diensteanbieter jedoch nicht verpflichtet, übermittelte oder gespeicherte fremde Informationen zu überwachen oder nach Umständen zu forschen, die auf eine rechtswidrige Tätigkeit hinweisen.

Verpflichtungen zur Entfernung oder Sperrung der Nutzung von Informationen nach den allgemeinen Gesetzen bleiben hiervon unberührt. Eine diesbezügliche Haftung ist jedoch erst ab dem Zeitpunkt der Kenntnis einer konkreten Rechtsverletzung möglich. Bei Bekanntwerden von entsprechenden Rechtsverletzungen werden wir diese Inhalte umgehend entfernen.

Haftung für Links

Unser Angebot enthält Links zu externen Websites Dritter, auf deren Inhalte wir keinen Einfluss haben.

Deshalb können wir für diese fremden Inhalte auch

keine Gewähr übernehmen. Für die Inhalte der verlinkten Seiten ist stets der jeweilige Anbieter oder Betreiber der Seiten verantwortlich. Die verlinkten Seiten wurden zum Zeitpunkt der Verlinkung auf mögliche Rechtsverstöße überprüft. Rechtswidrige Inhalte waren zum Zeitpunkt der Verlinkung nicht erkennbar.
Eine permanente inhaltliche Kontrolle der verlinkten Seiten ist jedoch ohne konkrete Anhaltspunkte einer Rechtsverletzung nicht zumutbar. Bei Bekanntwerden von Rechtsverletzungen werden wir derartige Links umgehend entfernen.

Urheberrecht
Die durch den Autor erstellten Inhalte und Werke in diesem Buch unterliegen dem deutschen Urheberrecht. Die Vervielfältigung, Bearbeitung, Verbreitung und jede Art der Verwertung außerhalb der Grenzen des Urheberrechtes bedürfen der schriftlichen Zustimmung des jeweiligen Autors bzw. Erstellers.

Soweit die Inhalte in diesem Buch nicht vom Betreiber erstellt wurden, werden die Urheberrechte Dritter beachtet. Insbesondere werden Inhalte Dritter als solche gekennzeichnet. Sollten Sie trotzdem auf eine Urheberrechtsverletzung aufmerksam werden, bitten wir um einen entsprechenden Hinweis. Bei Bekanntwerden von Rechtsverletzungen werden wir derartige Inhalte umgehend entfernen.

Printed in Poland
by Amazon Fulfillment
Poland Sp. z o.o., Wrocław

56280040R00083